Ullstein

DER AUTOR

Peter Bachér, 1927 in Rostock geboren und ein Urenkel von Theodor Storm, war Chefredakteur von ELTERN, BILD AM SONNTAG und HÖRZU, als deren Herausgeber er auch bis 1992 tätig war. Seit Jahren schreibt er für die WELT AM SONNTAG unter dem Titel *Heute ist Sonntag* meisterhafte Feuilletons, die auch in Buchform vorliegen. Die Auswahlbände *Heute ist Sonntag, Und wieder ist Sonntag* und *Eine Woche Sonnenschein* machten ihn zum Bestsellerautor. Peter Bachér ist verheiratet, hat zwei Kinder und lebt in München.

Peter Bachér

Laß uns wieder
von der Liebe reden

Augenblicke, die man nicht vergißt

Ullstein

Ullstein Buchverlage GmbH,
Berlin
Taschenbuchnummer: 20095

Ungekürzte Ausgabe
mit Zeichnungen von
Ursula Kahrl
10. Auflage August 1997

Umschlagentwurf:
Theodor Bayer-Eynck
Gemälde:
Joseph R. De Camp
Alle Rechte vorbehalten
© Verlag Ullstein GmbH,
Frankfurt/M – Berlin
Printed in Germany 1997
Druck und Verarbeitung:
Ebner Ulm
ISBN 3 548 20095 8

Gedruckt auf alterungs-
beständigem Papier mit
chlorfrei gebleichtem Zellstoff

Vom selben Autor
in der Reihe
der Ullstein Bücher:

Trotz allem glücklich sein (20443)
Heute ist Sonntag (23079)
Und wieder ist Sonntag (23378)
Laß uns wieder von der Liebe reden
Trotz allem glücklich sein (23677)
Eine Woche Sonnenschein (23705)
Das Glück, auf dieser Welt zu sein
(24145)

Als gebundene Ausgaben
im Verlag Ullstein:

Heute ist Sonntag
Und wieder ist Sonntag
Laß uns wieder von der Liebe reden
Trotz allem glücklich sein
Eine Woche Sonnenschein
Das Glück, auf dieser Welt zu sein
Momente der Nähe

Die Deutsche Bibliothek –
CIP-Einheitsaufnahme

Bachér, Peter:
Laß uns wieder von der Liebe reden:
Augenblicke, die man nicht vergißt/
Peter Bachér. [Mit Zeichn. von
Ursula Kahrl]. – Ungekürzte Ausg.,
10. Aufl. – Berlin: Ullstein, 1997
(Ullstein-Buch; Nr. 20095)
ISBN 3-548-20095-8
NE: GT

INHALT

Stell' auf den Tisch die duftenden Reseden,
Die letzten roten Astern bring herbei,
Und laß uns wieder von der Liebe reden,
wie einst im Mai.
Hermann von Gilm zu Rosenegg
(1812–1864)

I
HERZLICH
WILLKOMMEN!

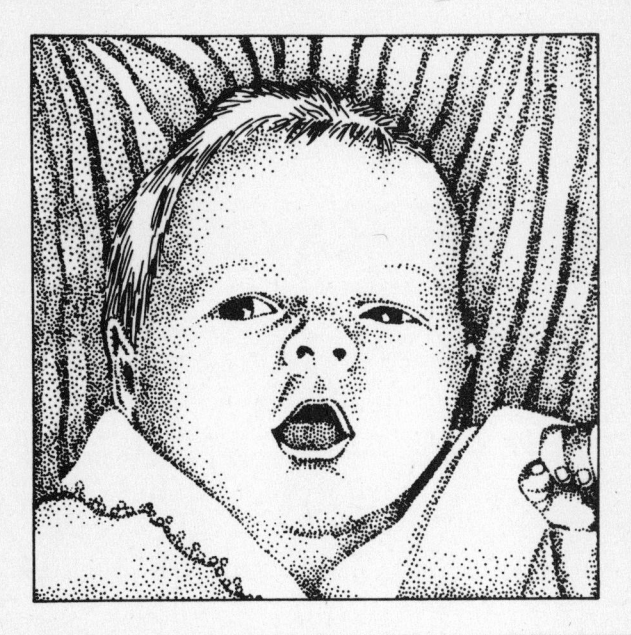

Herzlich willkommen!

Morgens war unser Kind noch nicht da. Es schwebte noch im Fruchtwasser, es kannte weder Hunger noch Durst und es wurde, völlig mühelos, über die Nabelschnur mit Sauerstoff versorgt. Es hatte das Gefühl des Geborgenseins. Dann fuhr meine Frau in die Klinik, und der Augenblick der Geburt kam: Sein Kopf wurde in die Geburtswege gepreßt, der Sauerstoff blieb plötzlich aus, die Temperatur veränderte sich: um fünfzehn Grad kälter als im Mutterleib – wie unwirtlich, kühl und rauh sich uns die Welt darbietet, wenn wir sie mit dem ersten Schrei begrüßen.

Als ich mittags vor der Scheibe in der Säuglingsstation stand, als die Schwester mir meinen Sohn zeigte, als ich in dem kleinen Gesicht die Spuren des »In-die-Welt-Gekommenseins« nicht mehr fand, sondern in ein ruhiges, in ein beruhigtes Gesicht sah, da dachte ich daran, was mir der Arzt gesagt hatte: daß wir Menschen, verglichen mit den höheren Säugetieren, zu früh geboren werden, viel zu früh, genauer: ein gutes Jahr zu früh.

Das Elefantenkalb richtet sich, kaum geboren, behende auf und läuft der Mutter nach; das sechs Meter lange Blauwalbaby schwimmt sofort herum. Selbst die Ente kriecht aus dem Ei und watschelt weg. Auf unser Kind übertragen müßte dies heißen: Es müßte vom ersten Tag an laufen können, wenigstens über die Anfänge einer Sprache verfügen, seine Gehirnmasse müßte viel größer sein, nicht vierhundert Gramm also, wie es der Fall ist, sondern mindestens neunhundert Gramm. Denn Säugetiere mit hoher Gehirnausbildung haben eines gemeinsam: Ihr Gehirn vermehrt sich von der Geburt an höchstens noch um das Doppelte. Nicht so der Mensch, bei dem es sich verdreifacht, vervierfacht. Erst zum Ende seines ersten Lebensjahres ist der Mensch dann in der Verfassung, in der die höheren Säugetiere schon bei der Geburt sind. Was daraus folgt und woran ich jetzt denke, da ich dieses hilflose Kind vor mir sehe, ist schnell gesagt: Das Kind hat nicht mehr die warme, dunkle Geborgenheit des Mutterleibs – aber auch die Eintönigkeit ist nicht mehr da.

Wir müssen nun dem Kind die Welt zum Geschenk machen: den Tag und die Nacht, die Sonne, das Wasser, unsere Zärtlichkeit, das Einschlaflied, das Streicheln und Behüten, die Geschichten, die wir erzählen. Wir müssen es auf diese Welt vorbereiten – und es ist genug, was es zu lernen hat! Diese Welt will wirklich erobert sein, und das beginnt schon in den ersten Tagen! Aber diese Weltoffenheit lohnt, mehr noch, sie unterscheidet den Menschen vom Tier, das umweltgebunden ist, das sich nach der Geburt nur noch wenig entwickelt, dem so unendlich viel versagt bleibt. Nur weil der Säugling so früh aus der Reizarmut, der Dunkelheit des Mutterleibs befreit wird, kann er sich zum Menschen entwickeln. Nur darum stehe ich schon heute vor meinem Sohn – mit einem Versprechen: Ich will ihm helfen, sich in dieser Welt zurechtzufinden. Was heißt das? Es heißt, daß ich nicht sagen will: Er ist noch ein Baby, und ein Baby braucht Ruhe und sonst gar nichts. Ich will mich nicht damit herausreden, daß ich sage, er versteht mich nicht, ich werde später für ihn da sein, wenn er größer ist. Ich werde vom ersten Tag an versuchen, dafür dankbar zu sein, daß dieses kleine Wesen ein Jahr früher auf die Welt gekommen ist, als es »eigentlich« kommen sollte. Dieses ist wirklich ein »geschenktes Jahr«! Es ist voller Zauber, Verheißung – und Verantwortung. In diesem Sinne: Herzlich willkommen, mein kleiner, auf die Welt so neugieriger, fröhlicher Sohn.

An mein Kind

Mein liebes Kind, es ist kurz vor Mitternacht, ich sitze am Verandatisch und schreibe Dir, obwohl Du noch nicht geboren bist, Deine Mutter ist in der Klinik – die Wehen hatten eingesetzt –, sie winkte mir in dem Korridor noch einmal schnell zu, etwas abwesend schon, als sei nun nichts anderes mehr wichtig.

Im Taxi fuhr ich zurück, nun ist Leere um mich, das Bett Deiner Mutter steht leer, alles, was hier herumsteht, ist ohne Leben: die Blumen, Bilder, Möbel, Bücher, alles ist wesenlos, ich gehe durch die Räume, drehe am Fernsehapparat, kein Bild kommt mehr, dieser Tag ist zu Ende, und der nächste wird der Tag aller Tage für Dich sein: Morgen beginnt Dein Leben.

Ich will aufschreiben, was ich Dir wünsche. Vielleicht, damit die Wünsche, die noch so ohne Namen sind, dadurch greifbar werden; vielleicht auch nur, weil ich dann besser selbst erkenne, was ich für wichtig halte und darum auch für Dich für wichtig halte; vielleicht auch, um eine erste Beziehung herzustellen zwischen Dir und mir, die eigentlich noch nicht da ist – wir Väter sind später dran, die Mütter empfinden da anders, sie haben das Kind vom Urbeginn.

Was also Dir wünschen? Vor allem dies: daß Du immer die richtigen Wünsche hast. Wünsche verführen, lenken vom Weg ab, reißen hoch, ziehen runter.

Wünsche Dir immer das Wesentliche. Also wünsche Dir immer das herrliche Gefühl, wenn Du mit der Sonne taufrisch aufwachst und den Tag in den Händen hältst wie eine goldene Kugel: voller Zeit, Möglichkeiten, Begegnungen, Blicke, Gespräche, Träume. Wünsche Dir keinen Titel, der Dich hineinpreßt in »Du mußt, Du sollst, Du hast, Du bist, Du darfst nicht«. Aber wünsche Dir, daß die Türen aufgehen, wenn Du kommst, weil die Menschen Dich mögen. Wünsche Dir nicht, daß es morgen schön wird, wenn Du darüber vergißt, was Du heute möglich machen kannst.

Als zweites wünsche ich Dir Glück. Es gibt so viele Menschen, die redlich sind, ehrlich, fleißig, zuverlässig, gründlich, betriebsam – aber die glücklos sind. Ihr Leben ist ein einziger langer Novembertag, der Himmel stößt nirgends an die Erde, es gibt keinen Horizont, keinen Sonnenstrahl, der aus hochgetürmten Wolken fällt – nur graues Einerlei, Alltag. Das also wünsche ich Dir vor allem – und ich wünsche es Dir, weil Du es nie erzwingen kannst: Glück.

Dann wünsche ich Dir Chancen. Ich könnte auch Möglichkeiten sagen. Aber Chancen, das klingt der Sache, die ich meine, angemessener. Das Spielerische ist mit drin, und das ist es, was den wahren Wert ausmacht. Ich meine damit die Gabe, das Leben in seiner endlosen Vielfalt zu erkennen – und dann immer neu zu wählen.

Dann: die Fähigkeit zu genießen – und mit dem Genuß fertig zu werden. Du wirst später ans Meer fahren, an die Nordsee vielleicht. Du wirst durch die Dünen zum Meer laufen – und dann wird da ein Augenblick sein, der Dir nicht verlorengehen darf: Du spürst, gleich liegt das Meer vor Dir, aber Du siehst es noch nicht. Du ahnst nur: noch ein, zwei Schritte auf diese Anhöhe – und dann, dann ist es soweit. Diese Sekunde, da der Wind auffrischt, da die Dünengräser sich biegen, da Du die Wellen schon hörst, diese Sekunde also, bevor das Meer Dir wirklich zu Füßen liegt – verschenke sie nicht. Der Augenblick des höchsten Genusses liegt da, wo ihn die meisten Menschen nicht vermuten. Nicht die Torte ist es, die den Genuß bietet, sondern der Moment, in dem das

Mädchen mit der weißen Haube das Stück abschneidet, es auf einen Teller legt und zu Dir trägt.

Ich wünsche Dir Gelassenheit – nicht Lässigkeit. Also die Fähigkeit, abwarten zu können, bis die Dinge reifen. Grüne Äpfel schmecken nicht.

Ich wünsche Dir, daß Du Dich – wie es die Dichter heute so schön sagen – »selbst annimmst«. Daß Du also gut Freund wirst mit dem, der Dir aus dem Spiegel entgegentritt. Du kannst anderen Menschen nichts sein, wenn Du Dir selbst nichts bist.

Und was diese »anderen Menschen« angeht: Sie sind wie Du auf dieser Welt, ohne daß sie gefragt wurden, und sie müssen diese Welt wie Du durchstehen, und sie haben alle, alle, alle, so glanzvoll ihr Leben sein mag, irgendwo Not, Schmerz, Angst, Plage. Wenn Du das weißt, wirst Du vieles verstehen, was Menschenwerk ist und was eigentlich nicht zu verstehen ist. Daß die Menschen neidisch sind, zum Beispiel (was so töricht ist, weil Neid wie eine Chemikalie den Menschen zerfrißt). Nur wenn Du die Menschen aus diesem tiefen Wissen heraus verstehst, wirst Du ihnen das entgegenbringen, was sie brauchen, wie vielleicht nichts sonst: Duldsamkeit. Das ist die Fähigkeit, die Du schulen mußt, wenn sie Dir nicht mitgegeben wurde.

War es viel? Vielleicht war es zuviel. Du wirst die Wünsche brauchen, der Lebensweg ist lang, wie es anfangs scheint – dann schnell, wie man weiß – dann schwer, wer weiß das nicht? – dann leicht: auch das kommt vor! – dann himmelstürmend: so schön kann die Welt sein! – dann tief im Tal: ob man da wieder rauskommt? – dann böse: hab ich das verdient? – dann milde und unsagbar verwöhnend – auch hier die Frage: hab ich das verdient? – dann geht der Weg schnurgerade, dann zickzack, in jeder Kurve lauert Gefahr . . . Und immer wieder kehrst Du ein auf Deinem Weg, und ich wünsche mir, daß es oft bei Deinen Eltern sein wird und bei einer Handvoll guter Freunde (mehr gibt's doch nicht! Aber das merkt man erst später!).

Das war's, mein Kind. Nun kann's also losgehen . . .

DAS LANGE WARTEN

Dienstag

Seit heute weiß ich es. Karin stand in der Küche, leicht vorgebeugt, und sie war blaß. Was sei, fragte ich sie, ob sie etwa Schmerzen habe, ob ich helfen könne, ob sie einen Arzt brauche. Sie gab keine Antwort, sie stand vor mir und dachte sicher, ich würde es nun wissen, so ahnungslos könne doch ein Mann nicht sein, und wenn er noch so viel um die Ohren habe, aber schließlich: etwas Zeit zum Denken bleibe doch, und ein Mann müsse das doch spüren, der eigene Mann noch dazu!

Sonderbar, so aus der Welt ist es doch nicht, daß eine Frau ein Baby erwartet, aber Herrgott, dieses fragende Männergesicht, überhaupt dieses Fragen in der falschen Richtung: Ich stand da, im Mantel, die Taxiquittung in der Hand, weil ich sie über Spesen abbuchen kann, und meine Frau schaute mich an, und ich schaute sie an. »Nun sag schon was«, das war meine Rede. »Nicht hier in der Küche«, das war ihre Rede. »Ist's was Schlimmes?« das war meine Rede. »Nein, aber ich war heute beim Arzt. Weißt du?« Und plötzlich – ich wußte es. Irgendwie wußte ich es plötzlich. Keine Vokabeln, keine Gesten. Keine Erklärungen. Sie war beim Arzt – mehr nicht. Wir bekommen ein Baby. Herrgott, wir bekommen ein Baby!

Mittwoch

Ich war vor ihr wach. Karin lag neben mir. Zwischen uns waren ein paar Zentimeter, so eine lächerliche Spanne, ein paar Zentimeter, und sie hatte ihre Augen geschlossen, und sie schlief fest, der Atem zeigte es, wie eine Mechanik,

langsam, gleichmäßig, rauf-runter-rauf-runter-rauf-runter.
War nicht eben ein Lächeln da? Träumt eine Frau noch am
Morgen? Welche Bilder sieht sie, die ich nicht sehe? Ist sie mir
nicht plötzlich entrückt, nun, da sie ein Baby erwartet? Wie
ist das eigentlich, dieses Ein-Baby-Kriegen? Wird sie so
bleiben, wie sie war? Wird es so zwischen uns bleiben, wie es
war, all die Tage, Monate, Jahre? Werde ich so bleiben: etwas
zu leichtsinnig, zu ichbezogen, zu – nun, sag's doch schon: zu
genußsüchtig?

Als sie die Augen öffnete, als sie sich zu mir drehte, als sie
mich anschaute und fragte: »Böse?« und als ich zurückfragte
»Wieso böse?« und als sie antwortete: »Weil du so böse
dreinschaust« – da fühlte ich mich ertappt: Meine Gedanken
waren keine guten Gedanken – ein Baby? Das bedeutet doch
eine neue Wohnung. Kein neues Auto. Die Sommerreise in
Gefahr. Sich vom Chef mehr bieten lassen. Die Mark ist nur
noch ein Drittel wert. – Meine Gedanken, sagte ich, spiegel-
ten sich in meinem Gesicht. Ich werde anders denken müssen
von nun an, damit mein Gesicht anders aussieht.

Montag

Ich habe irgendwie Angst. Karins Herz ist nicht das
stärkste. Es wird bei der Geburt viel leisten müssen. Das
Kind, das sie in sich trägt, ist mir unheimlich. Es bestimmt auf
einmal ihr Leben. Es zwingt sie in den Schlaf. Es macht ihre
Schritte langsamer. Es holt sich, was es braucht, und in Karins
Gesicht graben sich Spuren ein. Sie muß viel liegen. Wenn sie
aufsteht, wird ihr schwindelig. Sie muß öfter erbrechen. Wie
schwer mag das Baby jetzt sein? Dreihundert Gramm?
Leichter als eine Tüte Zucker. Aber schon mit Augen, Mund,
Nase, Herz.

Wenn das kleine Leben acht Wochen alt ist, dann ist alles

schon irgendwie da. Das Herz schlägt sogar schon nach drei Wochen! Eigentlich ist alles schon vorbestimmt: das Lachen, das Weinen, der Ehrgeiz, der Egoismus, die Frische, die Eitelkeit, die Armut, der Reichtum. Das ist unaufhaltsam, das bildet sich weiter, ich sehe schon alles vor mir: die Taufe, die Einschulung, das Studium, die Berufswahl, das ganze Leben dieses Kindes hat schon begonnen.

Freitag

Wir hatten Besuch. Die Nacht holte langsam den Abend ein. Karin konnte nicht ruhig sitzen. Ich beobachtete, wie sie ihre Haltung dauernd änderte. Sie beugte sich vor, sie lehnte sich zurück, sie verlagerte das Gewicht, sie streckte sich, laut lachend, obwohl es nicht viel zu lachen gab, aber sie tat es, um einen Grund zu haben, daß sie sich strecken konnte. Der Besuch fragte, wie lange es noch dauern würde, und sie sagte, noch zwei Monate, höchstens, und dann ging das Gespräch weiter: Vietnam und Ludwig Erhard und der Fasching, also das käme diesmal nicht in Frage, und die Minirock-Mode, das sei etwas für ganz junge Mädchen. Und der Besuch – ein Mann! – der lachte.

Sechs, sieben Glas Whisky waren getrunken. Er sei ganz anderer Meinung, sagte er: Mini sei immer gut. Karin lehnte sich zurück, um sich wieder zu strecken, und sie lachte, und ich wäre am liebsten aufgestanden und hätte dem Mann gesagt, daß doch nun Schluß sein müsse, ob er keine Augen im Kopf habe, aber der Besuch war für mich wichtig, und so ließ ich es. Und als er um zwei Uhr nachts endlich gegangen war und Karin die Gläser wegräumte, in die Küche, und ich zu ihr kam, um zu hören, ob es ihr gut ginge, und sie sagte, es sei zuviel gewesen, sie könne nun nicht mehr so lange sitzen, da – erspar es mir: Ich will mich bessern. Es kommt mir kein Besuch mehr ins Haus, der Mitternacht bei uns erlebt.

Mittwoch

Rolf lief mir über den Weg. Er ist Manager an der Ruhr geworden. Er war in Eile, er kam gerade aus Paris und wollte abends noch in Berlin sein. Wie es mir geht? Ehe ich noch etwas sagen konnte, erzählte er mir, wie es ihm geht: fabelhaft, Aufträge, Erfolge, Bungalow in Düsseldorf, viel unterwegs, man tut, was man kann. Zwischenfrage: Wie geht's deiner Frau? – dann weiter: also, die Entwicklung in Bonn! –, und erst, als ich einschiebe, daß meine Frau ein Baby bekommt, stoppt seine Rede, ratsch, aus. Ein Kind? Dann schlägt er mir auf die Schulter: »Altes Haus, und das noch in deinem Alter, Glückwunsch, wirklich, herzlichen Glückwunsch!« Und nach einer Pause, beinah vertraulich: »Vielleicht mach ich den ganzen Rummel nur, weil ich kein Kind habe. Aber du weißt ja . . .«

Ich wußte: Seine Frau konnte keine Kinder bekommen. Sein Gesicht verdunkelte sich. Nur für einen Augenblick. Dann der Blick zur Uhr: »Ich muß weiter, mach's gut.« Seine Finger spielten nervös mit dem Flugticket. Morgens Paris, mittags München, abends Berlin – das hätte ich auch gern. Man kann im Leben nicht alles haben.

Freitag

Was habe ich heute getan? Ich habe telefoniert, etwa dreißigmal. Ich habe Briefe diktiert, etwa zwanzig Stück. Ich habe Konferenzen gehabt, drei oder vier. Ein alter Schulfreund, mit dem ich mittags zum Essen verabredet war. Das Auto zur Inspektion gebracht. Das war's. Und was hat Karin getan? Geschirr abgetrocknet. Silber geputzt. Etwas eingekauft. Die Kleider in die Sonne gehängt. Das war's. Nicht viel, wie es nicht viel war, was ich getan habe.

Brachten wir beide die Welt ein Stück weiter? Geschah

etwas, das diesem Tag, der so unwiederbringlich ist, der sich uns darbot – eigentlich doch wie ein Geschenk –, irgend etwas von einem Sinn gegeben hat? Ich glaube es nicht. Aber ich weiß, daß unser Kind sich zwölfmal bewegt hat, du hast es mir gesagt, und daß es drei, vier Millimeter gewachsen ist und daß es 140 Herzschläge in der Minute hat, irgendwo habe ich das mal gelesen, und daß für uns eigentlich alles andere jetzt unwichtig geworden ist.

Sonnabend

Freunde hatten uns eingeladen. Karin wollte nicht mitkommen. »Ich mag nicht mehr ausgehen, in diesem Zustand.« So ging ich alleine. Hab ich mich amüsiert? Es war kein lustiger Abend. Die Frauen, mit denen ich tanzte, waren für mich ... nun, wo sind sie, die Worte? – wie waren sie? Wesenlos? Fremd? Unnahbar? Nahbar? Ich fragte mich plötzlich: Warum bist du eigentlich hier? Warum verrenkst du die Glieder nach dieser irren Musik? Was redest du? Was willst du, was soll das alles? Karin liegt zu Hause und schläft – und mit ihr das Kind. Und ich? Ich tanze. Und die Frauen herum flirten. Und diese Witze, die Anzüglichkeiten, dieses »Weißt du noch, man sollte mal, prost, ach ja, es wäre schön, wenn man noch jünger wäre, die Nacht ist nicht zum Schlafen da, prost«.

Was dachte ich eigentlich, als ich mich jäh verabschiedete und mich im Taxi nach Hause fahren ließ? Daß jede Zeit ihren eigenen Klang, ihre eigene Farbe hat – und daß diese unsere Zeit nicht laut ist, sondern still. Als ich heimkam, trat ich an ihr Bett – und sie schlief. Diese ruhigen Atemzüge. Dieser Raum ohne Licht. Diese Nähe und Ferne zugleich. Warum war ich an diesem Abend fort gewesen?

Donnerstag

Meine Mutter rief mich aus Lübeck an und sagte, sie habe geträumt, es werde ein Junge. Was ich denn für ein Gefühl habe, wollte sie wissen. Ja, was habe ich für ein Gefühl? Ich glaube, es wird ein Mädchen. Karin selbst tippt auf einen Jungen. Mein Vater wünscht sich einen Jungen. Meine Schwester sagt, ein Mädchen sei dran. Wenn man einmal nachschauen könnte, mit dem Baby sprechen. Man kann doch heute so vieles, aber will ich das? Nur einmal hören, wie es ihm geht, ob es wirklich ein Junge oder Mädchen ist. Ich wünsche mir ein Mädchen, ja, ich wünsche mir ein Mädchen. Frauen machen diese Welt heller.

Freitag

Der Arzt hat heute gesagt, das Kind habe sich gedreht. Nun sei es in der richtigen Lage. Mit dem Kopf nach unten. Die Natur regelt alles nach ihren Gesetzen. Das Kind weiß schon, was es will. Die Mutter hat keinen Einfluß darauf. Sie muß warten. Und wenn das Kind zappelt und stößt, muß sie es ertragen.

Mittwoch

Als meine Sekretärin heute sagte, meine Frau möchte mich sprechen, ob sie verbinden dürfe – da dachte ich: Nun ist es soweit. Sie wird den braunen kleinen Koffer nehmen – und in die Klinik fahren. Aber Karin wollte mir nur sagen, daß ein lang erwarteter Brief gekommen sei. Als ich den Hörer in die Gabel legte, war ich enttäuscht. Dieses lange Warten, wann geht es endlich zu Ende?

Montag

Nun können wir anfangen, die Tage zu zählen. Und dann wird es auf der Welt sein, mit einem kräftigen Schrei. Aber die Welt wird davon keine Notiz nehmen. Ein paar Freunde werden schreiben, und ein paar Blumen werden kommen. Dazu einige Glückwünsche aus der Familie. Dann gehört es zu dieser Welt, dieses Kind, mit einem Namen und einer Adresse und mit einem Anspruch, und dann wird es nicht locker lassen, alles zu bekommen, was immer es will: die Muttermilch, den Brei, die Flasche, die sauberen Windeln, die Ausfahrt im Stadtpark, die Tüte mit Bonbons, die ersten Schallplatten – noch die Beatles? –, den ganz teuren Pulli. Und später wird es, wenn es ein Mädchen ist, den Mann haben wollen, und wenn es ein Junge ist, wird er die Frau haben wollen, sie werden sich zusammentun und ihr Leben leben.

Dann wird Karin alt sein, und ich werde auch alt sein – und dann werden wir eines Tages einen Anruf bekommen, daß der Enkel in Sicht ist, und so wird es weitergehen. – Und vielleicht ist der ganze Sinn in all diesem, was geschieht, und vielleicht gibt es keinen anderen Sinn auf der Welt als diesen einen – ich weiß es nicht, ich bin auch nicht traurig darüber: Haben nicht Rätsel, die gelöst sind, ihren Reiz verloren?

Sonntag

Der Anruf. Die Schwester. Annemarie, Schwester Annemarie. – »Ich kann Ihnen sagen, daß Ihre Frau einem gesunden Jungen das Leben geschenkt hat.« Etwas von Glückwunsch. »Sie können in zwei Stunden kommen, nun trinken Sie aber nicht gleich soviel.« Gut gemeint, Schwester Annemarie. Ich hängte den Hörer ein. Ich schaute mich um. Das Wohnzimmer. Der Korridor. Das Zimmer, in dem du gestern noch schliefst. Die Nelken, hängende Köpfe. Die Milch auf dem Eisschrank, halb leer die Flasche, vergessen, nicht ins Fach gestellt. Zigarettenasche auf dem Frühstücksteller. Wenn du das sehen würdest! Ein paar Stunden bist du fort. Ein Gefühl, als sei die Seele aus den Räumen geflogen. Ich stehe hier und bin Vater geworden und habe einen Jungen, und die Schwester Annemarie hat mir gesagt, ich soll nicht soviel trinken, sie wird es wissen, die Schwester, denn sie kennt die Männer, die Väter werden. Ich laufe im Zimmer auf und ab. Die Ungeduld der letzten Tage ist gewichen. Auf einmal erscheint alles so klar, als ob es nie anders hätte sein können. Wie schnell das geht!

Was müßte man jetzt tun? Auf einen Berg steigen und Gott danken. Ein Boot nehmen und aufs Meer hinausfahren. Die Nacht abwarten, die paar Stunden noch, und durch die Stadt laufen, um die Ecken, in die Gesichter der Menschen schauen und sich einen neuen Vers machen auf das Leben. Zur Bibel greifen, rechts außen im Bücherschrank. Zur eigenen Mutter fahren und sie fragen, wie eine Frau fühlt, die einem Kind das Leben geschenkt hat. Freunde nehmen und in eine Bar ziehen und alle fünf gerade sein lassen und in Dekolletés schauen und sich irrsinnig fallen lassen: Was, so frage ich mich, müßte man jetzt tun? Das Ende feiern, die Zeit zu zweit? Oder den Anfang, die Zeit mit dem Kind, die nun da ist?

Drei Kilometer entfernt schläft es in der Klinik, dieses Kind. Ich werde jetzt ein Taxi nehmen. In zehn Minuten bin ich dann vor der Glaswand. Schwester Annemarie wird in irgendeinen Korb greifen und irgendein Kind zu mir bringen. Dieses Kind wird mein Kind sein! Sie wird es mir zeigen – und was werde ich zuerst sehen? Die Augen, die kleinen Hände, den Leukoplaststreifen mit dem Namen? Sieben Pfund schwer ist das Kind, sieben Pfund und ein paar Gramm. Das

Herz hat 140 Schläge in der Minute, wie ich im Lexikon nachgelesen habe. Die Länge schätze ich auf 51 Zentimeter, das ist bei dem Gewicht so die übliche Größe. Ich habe das im Lexikon studiert. Sonst weiß ich nichts, nichts, nichts. Was wissen wir schon, die wir Väter werden?

ICH DANKE DIR FÜR UNSER KIND

Noch habe ich diese eigentümliche Freude, die Stunden zu zählen, die unser Kind nun schon auf der Welt ist. Es sind jetzt fünfzig Stunden und – laß mich nachsehen! – vierzehn Minuten. Und mit jedem Schlag der Uhr wird mir mehr bewußt, daß ich Vater geworden bin – und daß ich Dir so unendlich viel zu danken habe. Wenn ich das Gefühl des Glücks messen könnte, das in Dir ist, so exakt, wie man Temperaturen feststellt, in Graden und Zehntelgraden, und wenn ich vergleichen würde, ob wir Männer irgendwann, irgendwo, irgendwie ein ähnliches Gefühl erleben – was würde ich erfahren? Ich weiß nur, daß ich Dich nie zuvor so lächeln sah wie gestern, als unser Kind von der Schwester zu Dir ans Bett gelegt wurde. Nie waren Deine Augen strahlender, nie Deine Worte zärtlicher, Deine Bewegungen niemals zuvor so behutsam – ja, dieses Kind, eben erst auf der Welt, hat diese Welt verändert.

Ich erinnere mich an ein Denkmal, das in Mexiko steht und das all den Frauen gewidmet ist, die Mutter wurden. Der Text bleibt mir unvergessen: »Derjenigen, die uns liebte, ehe sie uns kannte.«

Unser Kind wird weiter Deine Liebe brauchen, und es wird danach verlangen, von nun an Tag für Tag mehr. Und – ich sagte es schon – es wird unser Leben verändern. In unser Leben kommt Farbe. Es wird nie gehörte Töne geben. Das Tempo ändert sich. Alle Worte haben einen anderen Sinn; wir werden nichts mehr auf die Weise tun, wie wir es ohne dieses Kind getan hätten.

Und wir werden andere Gedanken denken! Das Kind wird mich eines Tages nach dem Sonnenaufgang fragen, und ich werde über den Sonnenaufgang neu nachdenken und darüber, was er uns Menschen eigentlich bedeutet (nämlich, daß er ein immer neues großartiges Geschenk Gottes an uns Menschen ist – und eine Verheißung). Das Kind wird mich nach dem Erfolg fragen. Und ich werde darüber nachdenken, wie wichtig Erfolg für das Leben wirklich ist (und vielleicht kommen mir später Zweifel?). Das Kind wird mich nach der Wahrheit fragen. Und ich werde über die Wahrheit nachdenken, und wer weiß, was ich dann sagen werde?

Mit diesem Kind hast Du unser Leben erweitert, in die Breite, in die Tiefe, in die Höhe. Millionen Gedanken werden kommen, banale Gedanken, törichte Gedanken. Es wird um Masern, Pythagoras, um Autos und um Gott gehen. Ich möchte mit Dir über unser Kind sprechen, am liebsten am Meer, dort, wo keine anderen Menschen sind, nur Himmel, Wolken, Wind, dort – wo uns jeder Wellenschlag zeigen würde, wie die Natur das Leben begreift: als ein einmaliges – und doch immer wiederkehrendes Wunder. Keine Welle gleicht der anderen, sieht man genau hin, jede Welle gleicht der anderen, nimmt man alles in allem. Kein Baby gleicht dem anderen, denken wir an unser Kind, ein Baby gleicht dem anderen, wenn ich mich erinnere, wie sie zum Verwechseln ähnlich in der Säuglingsstation neben Deinem Zimmer liegen: alles vor dem Wettlauf hinein ins Leben, ein Kind, so gut wie das nächste.

Ich wünsche Dir, daß Du gut schläfst. Du hast es weiß Gott verdient. Du wirst – vielleicht zum erstenmal in Deinem Leben? – nachts keine Träume haben, die schöner sind als das, was Du jetzt erlebst. Kann einem Menschen Herrlicheres widerfahren?

DER TAG, DER MEIN LEBEN VERÄNDERTE

Meine Frau trägt das Kind in die Wohnung. Ich habe ihr die Tür aufgeschlossen. »Da wären wir also«, sage ich, und bei Gott, was Besseres ist mir nicht eingefallen, nur dieses nichtssagende »Da wären wir also«, so, als sei man aus dem Kino heimgekehrt, und dabei ist doch alles ganz anders: Unser Kind, zehn Tage auf der Welt, kommt in sein Zuhause. Das ist doch etwas Festliches, etwas Großartiges – was erleben wir Menschen denn noch?! –, aber ich sage nur »Da wären wir also«, und meine Frau tritt ein, legt das Kind auf das Sofa, schaut sich in den Räumen um, die sie zehn Tage nicht gesehen hat, freut sich über die Rosen, die Freunde geschickt haben zur Ankunft unseres Sohnes und die ich natürlich in die falsche Vase gestellt habe, ich sehe es an ihrem Blick, aber sie lächelt nur. »Nun bin ich ja wieder da«, sagt sie – auch nichts Feierliches.

Wie müßte denn dieser Tag sein? Der Himmel müßte von einem hellen Blau sein, die Sonne alles überstrahlen, alle Blumen müßten blühen, auch die welken Blumen sich aufrichten, die alten Leute auf der Parkbank müßten ihre Köpfe heben. Girlanden müßten gespannt sein, Musik: eine Kapelle, die einen Marsch spielt, weil es ein Junge ist, der nun beginnt, Tritt zu fassen im Leben, oder auch ein Tanzorchester von mir aus, mit viel Saxophon und vielen, vielen Geigen, das eine Melodie hinzaubert, die das Kind von nun an begleitet. Ja, so müßte es doch eigentlich sein, wenn ein neuer Mensch in dieser Welt einzieht, um diese Welt – was zu hoffen ist – zu bereichern, schöner zu machen – besser zumindest.

Denn von nun an geschieht doch so viel Neues, was nicht geschehen würde, wenn es dieses Kind nicht geben würde. Es gehen doch tausend Impulse von diesem kleinen Herzen aus, das da in dem kleinen, sieben Pfund schweren Körper schlägt. Viel Alltägliches darunter, natürlich. Der Mann von der Versicherung war schon da. Er wird eine Prämie verdienen. Das Blumengeschäft an der Ecke muß dauernd Rosen schikken und Nelken. Der Drogist gegenüber, wir werden seine besten Kunden sein: Milchpulver, Windeln, Seife, weich bitte, zart bitte. Puder, kleine Nagelschere, alles, alles brauchen wir. Die Telefonrechnung wird steigen, bei uns, die wir Freunde anrufen, um vom Kind zu berichten. Der Arzt im Haus, er wird eines Tages kommen müssen, wenn das erste Fieber steigt; die Frau, die uns hilft, wird von nun an öfter da sein; der Standesbeamte muß den Namen beglaubigen. Sekretärinnen müssen die Formulare schreiben – dieses Kind setzt so vieles in Gang; und es wird weitergehen, es wird keine Ruhe geben: Das Kind wird wachsen, und es wird – irgendwann, später – Menschen kennenlernen und in andere Schicksale eingreifen – alles Leben ist von anderem Leben abhängig. Seine Schwester hat es schon erfahren: Von nun an ist ihr Leben nicht mehr denkbar ohne den Bruder. Der Beginn war voller Zärtlichkeit.

Dies, heute, ist also unser erster Tag! In der Klinik gehörte uns das Kind noch nicht ganz, da schlief es mit anderen Kindern, die es nie mehr später sehen wird, mit denen es nur die Stunden der Geburt teilt. Doch nun gehört es zu uns! Jeder Schrei wird unsere Wege an seine Wiege lenken. Jedes Lächeln wird uns glauben machen, es habe uns gemeint. Jedes Weinen wird uns beunruhigen, den Arzt womöglich alarmieren. Jeder seiner Schritte, eines Tages, wird die Hoffnung stärken, daß es sich im Leben, in diesem Durcheinander, Nebeneinander, zurechtfinden wird.

Aber dieser Tag, dieser erste Tag, ist draußen ganz alltäglich. Keine Sonne! Keine Blumen, die welk sind, richten sich auf. In kein fremdes Gesicht zaubert dieses Kind ein Lächeln. Es verändert noch nichts da draußen in der Welt.

Nur bei uns, nur in uns ist von nun an alles, alles anders. Ich nehme, zum erstenmal, die kleine, winzige Hand des Kindes. Es hat die gleichen Handlinien wie ich. Unser erster Händedruck. Da tritt meine Frau ins Zimmer. Sie wird mir das Kind fortnehmen und es an die Brust legen. Und ich werde warten. Es wird Zeit brauchen, bis ich den Vorsprung einhole, den meine Frau hat. Die Frauen, sie erleben das Wunder – wir Männer, wir schauen nur zu.

ICH DANKE DIR, MEIN KLEINER SOHN

Guten Tag, mein Kind. Ich möchte mit Dir über diesen Tag und alle anderen Tage sprechen. Du wirst mich nicht verstehen, weil Du nur eine Handvoll Monate alt bist, und so will ich aufschreiben, wofür ich Dir danken will. Vielleicht wirst Du es später einmal lesen.

Ich will Dir danken für eine Erfahrung, die ich ohne Dich nie gemacht hätte. Bisher zerbrachen meine Tage wie Mörtel eines alten Hauses. Die Termine hatten mich im Griff, die Telefonate, die Reisen, die ganzen wichtigen Dinge, die später, am nächsten Tag oft schon, plötzlich gar nicht mehr so wichtig waren. Der Mittag überholte den Morgen, der Nachmittag den Mittag, und der Abend kam immer zu schnell. Der Minutenzeiger wurde zum Schrittmacher meines Lebens.

Und nun habe ich Dich. Und plötzlich ist alles wie verwandelt. Dein Tag ist von beneidenswerter Endlosigkeit – eine Uhr ohne Ziffern und Zeiger. Die Spieldose mit der immer gleichen Melodie – »Morgen früh, wenn Gott will, wirst Du wieder geweckt« – kann nicht oft genug aufgezogen werden; der braune Teddy ist stundenlang in Deinen Händen – geduldiger Gefährte Deiner langen Tage.

Du entdeckst Deine Finger, Deine Zehen, Deine Mutter, die Lampe, die Rassel – alles ein Stück Welt, und diese Entdeckung braucht Zeit, und Du hast diese Zeit. Und wenn ich Dich im Arm halte, spüre ich etwas von dieser grenzenlosen Ruhe. Und plötzlich habe ich auch wieder Zeit. Stunden um Stunden sitze ich bei Dir – wo nehme ich diese Zeit bloß her? – und streichle Deine Hand, lege meine Wange an Deine Wange, möchte Dir etwas von meiner Zärtlichkeit abgeben. Und spüre doch im gleichen Augenblick: Ich bin es, der

Zärtlichkeit gewinnt. Die Zeit, die Du mir nimmst, ist in Wahrheit die Zeit, die Du mir gibst.

Termine lasse ich fallen, Telefongespräche werden verschoben, Briefe bleiben ungeschrieben, Besuche werden abgesagt, Bücher bleiben halb gelesen liegen. Ich sitze bei Dir und staune: Da gibt es wirklich Sonnenstrahlen, die Dich nicht aus dem Schlaf reißen, Straßenlärm, der Dich nicht stört, Rundfunknachrichten, die nichts bedeuten. Dein Tag ist von schwebender Endlosigkeit. Und mein Tag? Er ist von Terminen zugemauert. Aber nun geht etwas von dieser Endlosigkeit auf mich über, und ein neues Maß kommt in mein Leben: Die Tage werden wieder länger.

Guten Tag, mein Kind – und vielen Dank für diesen Tag. Ich weiß, daß es nicht so bleiben wird. Schon haben wir Dir zum ersten Male kleine Schuhe angezogen: nach all den Dingen, die nur für Babys bestimmt sind – wie Flasche und Wiege und Schnuller und Windel –, das erste Stück, das in die Welt der Großen führt.

Es wird nun immer schneller, das Tempo, und der Zauber der Premiere – das erste Schreien, das erste Wiedererkennen, das erste Sitzen – geht viel zu schnell vorbei.

In wenigen Jahren wirst auch Du die Uhr kennenlernen: im Kindergarten, in der Schule, beim Nachhausekommenmüssen, wenn es heißt: Um sechs Uhr bist Du wieder da; um sieben Uhr müssen die Schularbeiten gemacht sein. Und auch bei mir wird es morgen wieder so sein wie gestern: Tausend Pflichten zerschneiden die Tage, machen sie kürzer, kleiner, schneller. Aber noch einmal gespürt zu haben, wie unbekümmert lang ein Tag sein kann, das verdanke ich Dir.

WEM DANKE ICH FÜR DIESES JAHR?

Nun ist er ein Jahr alt, mein kleiner Sohn, und ich danke für dieses eine Jahr. Aber wem danke ich? Danke ich Gott, weil er mir dieses Jahr mit diesem kleinen lebendigen Wunder auf zwei Beinen geschenkt hat? Danke ich meiner Frau, daß sie mir dieses Kind in mein Leben stellte? Oder danke ich dem Kind, das von Tag zu Tag mehr die Welt ergreift – und begreift? Ich weiß es nicht. Ich weiß nur: Dies eine Jahr, das sein erstes Jahr war, wurde für mich verzaubert.

Es gibt nur noch wenig auf dieser Welt, was uns verzaubert. Der Tag kommt meist daher wie die nächste Straßenbahn; verpaßt man die eine, nimmt man die nächste; ein Hauch von Hoffnung liegt über jedem Abend: Vielleicht läßt sich am nächsten Morgen etwas besser machen, aber dann spürt man oft, wie alles schon eingefahren und festgefahren ist. Nicht so beim Kind: Da gibt es noch Staunen, Lachen, Weinen, da ist noch das ganz große Wundern, da gibt es verträumte Minuten, endloses Spiel, Toben, Schreien, herrliches Glücklichsein. Ein Kind nimmt jeden Tag entgegen als eine einzige Überraschung.

Das erste Jahr ist wie ein Kofferpacken vor der großen Reise: Tausend Empfindungen, Gefühle, Erfahrungen werden eingepackt – und heute weiß man: Irgendwann im späteren Leben wird das alles, alles wieder ausgepackt. Ich glaube fest daran – nicht weil die Wissenschaftler es jetzt herausgefunden haben, sondern weil ich es selber bei meinem Sohn spüre: Die nächsten Jahre – und es mögen viele Jahre und Jahrzehnte sein! – wird er aus diesem Koffer leben müssen.

Da ist schon die erste Sorge: Ich habe ihm beigebracht, was

Nein bedeutet. Wenn er zum Radio, zur Tischdecke greift, rufe ich »nein« – und seine kleine Faust zuckt noch etwas erschrocken zurück. Ich bin nicht glücklich, daß dieses Nein vor dem Ja kommt, aber ich weiß: Es wird für dieses Kind einmal wichtig sein, Grenzen zu erkennen und anzuerkennen.

Da ist schon die erste Angst: Gestern ist mein Sohn aus seinem Laufstall gestürzt – kopfüber –, Gott sei Dank auf den weichen Teppich. Sein Schreck war größer als sein Schmerz – mein Schmerz war größer als sein Schreck. Die Gefahren lauern überall. Nach seiner überstandenen Impfung atmete ich auf; der erste Schritt am Morgen in sein Zimmer läßt mein Herz ein paarmal schneller schlagen: Ob er auch fröhlich in den Tag schaut, der für mich nur fröhlich sein kann, wenn es ihm gut geht? Ein Kind haben heißt: sich selber nicht mehr ganz so wichtig zu nehmen.

Ein Jahr ist er also alt. Haben Sie auch ein Kind in diesem Alter? Beobachten Sie auch, wie sein Leben nun steil in die Höhe schießt, einer Rakete gleich, während Sie selber – um im Bild zu bleiben – mehr dahinfliegen oder schweben oder gar schon zum Gleitflug ansetzen? Das Jahr ist ein Stück Zeit, es wird immer kürzer, dieses Stück, je älter wir werden. In dem ersten Jahr des Kindes liegt der Beweis für die Möglichkeiten seines Lebens; in einem Jahr von uns, die wir groß geworden, die wir »schon aus dem Koffer leben«, liegt nur der Beweis für das unheimliche Tempo unseres Daseins.

Für mich hatte dieses Jahr, an der Seite meines Kindes, die Dauer eines Wimpernschlages. Die Bilder des Lebens überdecken sich immer häufiger. Für mein Kind aber war dieses erste Jahr ein erster langer Blick ins Leben. Was dieses Kind da gesehen hat, das ist sein erster Eindruck von dieser Welt. Ob es diese Welt und ihre Menschen einmal lieben wird, ob es selber geliebt werden wird, das alles hat sich nun schon entschieden. Dieses erste Jahr war das erste große Abenteuer seines Lebens – es wird sich nur leider nicht daran erinnern. Für mich aber war sein erstes Jahr das große Abenteuer, an das ich immer denken werde. Die gleiche Zeit – und doch: Es gibt keine Elle, an der diese beiden Jahre zugleich zu messen sind.

Ein Jahr nimmt Abschied. Ich schaue zurück. Mein kleiner Sohn schaut voraus. Ich beneide ihn darum nur deshalb nicht, weil er mein Kind ist. Aber auch für mich werden sich viele Türen öffnen: Ich werde die Märchen neu entdecken, die Sterne erklären – ich werde tausend Fragen hören. Ich werde die Welt neu sehen – mein Kind wird mich dazu zwingen. Ich weiß jetzt, wem ich danke: diesem Kind und seiner Mutter und Gott.

Der Preis des Glücks, ein Kind zu haben

Mein lieber Freund, verzeih mir, aber ich habe Dich angelogen, oder genauer: Ich habe Dir nur die halbe Wahrheit gesagt. Du wirst es nicht wissen, und darum will ich es Dir schreiben. Du hast gestern mit unserem Kind gespielt – Du hast Grimassen geschnitten, das Baby hat gelächelt, und in Deinem Gesicht war plötzlich ein Lächeln, wie ich es nie zuvor bei Dir gesehen habe.

Deine Frage hat meine Frau und mich noch lange beschäftigt, die Frage nämlich, ob so ein Baby nicht »irgendeinen Preis« kostet. Du erinnerst Dich, wir hatten sofort Belangloses aufgezählt: daß wir nicht immer fortgehen können, wenn wir wollen; daß das Baby nachts manches Mal schreit und uns Schlaf raubt; daß wir eine neue Wohnung suchen müssen. Wirklich lauter belangloses, dummes Zeug. Wir haben, weil wir Dich schonen wollten, nicht gesagt, was wir sagen müßten, um ehrlich zu sein: daß wir Dich von Herzen bedauern; daß wir Dein Leben für falsch halten, weil Du es um Dich selbst kreisen läßt, weil Du in Dein Leben keine Tiefe und keine Weite bringst. Sicher, da sind Deine Reisen, und ich kenne die Ziele – Rom, Paris und New York allein in den letzten drei Monaten –, das ist ein gutes Stück aus dem Lebenskuchen, das sich schon sehen lassen kann. Und trotzdem: In Deinem Leben ist keine Weite. Denn wo immer Du hingehst, mit wem immer Du sprichst, was immer Du erlebst – und ich weiß, Du erlebst viel –, alles ist doch für Dich nur ein Spiegel, in dem Du Dich selber suchst.

Auch in den Augen der Frauen, die Deinen Weg kreuzen – und es sind schöne Frauen, auch das weiß ich – suchst Du nur Dein Spiegelbild. In Deinem Leben wird das Wort Ich zu groß geschrieben, lieber Freund.

Gestern nun, als Du mit unserem kleinen Sohn spieltest, als er Dich anstrahlte und mit seiner kleinen Hand nach Deiner Nase griff, als Du Grimassen geschnitten hast, um ihn weiter zu amüsieren – und es ist Dir gelungen, Du kannst gut mit Kindern umgehen! –, da war etwas in Deinen Augen, was ich zuvor nie bemerkte: eine melancholische Fröhlichkeit. Und Deine Frage, die so unvermittelt kam und die Dir so wichtig schien – die Frage nämlich nach dem Preis für so ein kleines Glück –, haben wir nur halb beantwortet, indem wir, um Dich nicht zu verletzen, nur die Nachteile nannten.

Die Vorteile will ich Dir nicht aufzählen, sie lassen sich sowieso kaum beschreiben. Was würde Dir beispielsweise bedeuten, wenn ich Dir berichten würde, was allein das erste Wort des Kindes, das erste »Mama« – uns bedeutete? Es war uns, als habe sich der Himmel für einen Augenblick geöffnet. Was ich Dir also sagen will und nun auch sagen muß, ist etwas anderes: Wenn Du so ein Baby zu Hause hast, stellt sich die Frage nach dem Preis des Glücks überhaupt nicht. Mehr noch: Es ist überhaupt falsch, bei einem Kind nach einem »Preis« zu fragen. Sicher, irgendwie bezahlt man, weil einem ja nichts geschenkt wird, aber das ist nicht wichtig.

Bei Kindern hören diese Überlegungen auf. Wenn Du eine Frau kennenlernst, von der Du nicht weißt, ob Du sie liebst, von der Du es vielleicht noch nicht weißt, dann mag es sein, daß Du nach dem Preis der Liebe fragst; daß Du überlegst, ob es sich lohnt, dafür seine geliebte Freiheit aufzugeben. Junggeselle, laß Dir sagen: Mehr noch als bei der Liebe, die Dich einst mit einer Frau für immer, wie ich hoffe, zusammenführen wird, ist bei der Liebe zu einem Kind die Frage nach dem Preis, den man zu zahlen hat, dumm und töricht und sinnlos. Ein Baby verändert Zeit und Raum, ein Baby ist ein Wunder auf zwei – anfangs zumeist – krummen Beinen. Bei einem Wunder redet man nicht, da staunt man nur.

Ich trete jeden Abend an das Bett meines Kindes und staune. Nicht, weil mein Kind ein besonderes Kind ist, ein Wunderkind gar. Sondern weil sich hier ein Hauch von Lebenssinn offenbart, den – und das macht die Verständigung so schwierig – nur begreifen kann, der dieses Wunder selbst erlebt. Wenn Du – noch Junggeselle, noch Nicht-Vater – ein Foto meines Sohnes siehst, ist Deine Reaktion ganz anders, als wenn ich dieses gleiche Bild einem Mann zeige, der selbst Vater ist. Die Gedanken, die bei diesem Mann auftauchen, sind ganz andere und seine Fragen auch.

Väter haben zwei Sprachen: die Sprache der Männer – und die Sprache der Väter. Väter aber fragen gar nicht mehr nach dem Preis des Glücks, weil sie wissen: Die Münzen, die sie zahlen, sind klein, und was sie mit ihrem Kind haben, ist im Grunde unbezahlbar. Damit wir uns verstehen: Auch die Sorgen, die mit einem Kind verbunden sind, gehören natürlich dazu; auch die Jagd mit einem Taxi nach einem Arzt; auch der Urlaub, der später, wenn die Schule kommt, nur noch im Gedränge der Hauptsaison genommen werden kann; auch das Kurztreten, wenn es um eigene Wünsche geht, weil der Junge oder die Tochter da ist mit ihren Wünschen. Das ist es, was ich mit der Tiefe meine, die Deinem Leben fehlt.

Ich will Dich nicht überreden, ich will Dich nicht beeinflussen – ich könnte es auch gar nicht –, ich will nur eines: nachholen, was zu sagen ich gestern versäumte. Darum dieser Brief. Seit ich diese nachdenklich traurige Fröhlichkeit in Deinen Augen gesehen habe, weiß ich, daß Du – vielleicht in diesem Augenblick – selbst schon ein Suchender geworden bist. Die Wahrheit des Lebens sind die Kinder wohl nicht, aber es ist für mich nur noch schwer vorstellbar, wie ich diese Wahrheit ohne ein Kind jemals finden könnte. Wir werden den Sinn all dessen, was wir tun, vielleicht nie herausfinden.

Aber ich glaube, daß wir doch dem Lebenssinn ein kleines Stück näherkommen, wenn wir das Glück haben, in die Augen von Kindern zu schauen. Frage also bitte nicht mehr nach dem Preis des Glücks, ein Baby zu haben. Es gibt Stunden, glaube es mir, in denen Dich nur ein Gefühl beherrscht, wenn Du mit einem so winzigen Menschen zusammensein darfst: das Gefühl der Demut. Und: das Gefühl der Dankbarkeit. Ich wünsche Dir dieses Gefühl recht bald.

SCHENK DEINEM KIND, WAS DU NICHT KAUFEN KANNST

Geht es Ihnen auch so? Sie kommen abends nach Hause, der Tag hat sie acht, zehn, zwölf Stunden im Griff gehabt, Sie hatten Telefonate, Termine, Gespräche – mal ein Scherz dazwischen –, und nun schließen Sie die Tür zu Ihrer Wohnung auf. Sie wissen, wie alles sein wird: Die Frau hat den Tisch gedeckt, und die Kinder kommen Ihnen auf dem Korridor entgegen, mit einer Frage, mit irgendeiner Belanglosigkeit, mit einem Wunsch, Herrgott, was Kinder sich nicht alles wünschen können! Sie waschen Ihre Hände und greifen zur Zeitung und vielleicht nach einem Glas – ein Schluck wird erlaubt sein, der Tag war lang und zäh. Das nun ist die Sekunde, da Sie eigentlich zum Kern kommen könnten, zum Wahren, zum Sinnvollen, zum Wesentlichen. Aber wie pathetisch das klingt, wenn Sie müde sind, zerschlagen, nur auf Ruhe eingestellt. Aber es bleibt Ihnen nicht mehr viel Zeit. Denn die Kinder, um die es hier geht, müssen bald ins Bett, früher oder später, je nach ihrem Alter. Und diese Zeit, die Sie den Kindern nehmen, holen Sie nie wieder ein, und wenn Sie Ihr Vermögen hergeben würden. Sie müssen also etwas tun, damit die Kinder spüren, daß sie auch von Ihnen geliebt werden.

Geht es Ihnen auch so? Ich meine, daß Sie sich plötzlich fragen: Muß ich Bücher kaufen? Bonbons? Einen Teddy mit braunen Augen? Eine elektrische Eisenbahn? Nein, das alles muß ich nicht. Ich kann das tun, und ganz ohne all diese herrlichen Sachen geht es zuweilen sicher auch nicht. Aber ob sie wirklich zählen? Ich glaube das plötzlich nicht mehr. Warum eigentlich? Ich habe inzwischen etwas erfahren. Meine Tochter hatte so glänzende Augen, weil ich sie – mitten in der Woche, und ganz ohne Anlaß – einmal zum Essen in die Stadt einlud, in das Restaurant, von dem sie immer nur aus Gesprächen zwischen meiner Frau und mir wußte. Ich habe ihr beim Essen zugehört. Wissen Sie: so richtig zugehört, nicht nur mit halbem Ohr. Ich habe sie in einer wichtigen Sache, die meinen Beruf angeht, ins Vertrauen gezogen – und um ihre Verschwiegenheit gebeten, ja, und um ihren Rat. Lächeln Sie nicht: Was kann eine Zwölfjährige schon raten? Ich habe sie gefragt, sie hat geantwortet, und ich habe diese Antwort ernst genommen. Ich habe sie um ihre Hilfe gebeten – und sie hat mir ihre Hilfe gegeben. Abends kam sie noch einmal zu mir ins Zimmer, sie wollte mir noch etwas zu dem Problem sagen, sie war sehr aufgeregt, sie fühlte sich in ein »Geheimnis« eingeweiht – wir waren uns plötzlich so ganz nahe.

Geht es Ihnen auch so? Sie erkennen auf einmal, wenn Sie sich nur Zeit nehmen, wie unendlich beglückend es sein kann, mit dem eigenen Kind Freundschaft zu schließen, und wie leicht es ist, plötzlich sich etwas einfallen zu lassen: einen Spaziergang durch den Stadtpark, einen Kinobesuch, eine Fachsimpelei über Winnetou (zuvor kurz in das Buch schauen, man hat so vieles vergessen!), einen Gang durchs Museum. Dann geht plötzlich eine Tür auf, und niemand wird diese Tür je wieder zuschlagen.

Geht es Ihnen auch so? Sie lernen zu irgendeiner Stunde irgendeines Tages, das Wesentliche vom Unwesentlichen zu unterscheiden. Kinder streben nun einmal nach oben, nach vorn, in die Weite. Sie wollen, wenn sie in ein bestimmtes Alter kommen, von der Welt der Erwachsenen mehr wissen, als diese glauben oder – falscherweise – für richtig halten. Für das Kind Zeit zu haben, ihm zuzuhören, mehr noch: ihm zu lauschen, ist wesentlich! Das ist keine verlorene Zeit, weil es bei den Beziehungen zu Kindern überhaupt keine verlorene Zeit gibt. In festlichen weihnachtlichen Tagen werden Sie es besonders stark erleben. Und ich wünsche Ihnen, daß diese glückhafte Erfahrung anhält.

BIN ICH EIGENTLICH KLÜGER ALS MEIN KIND?

Natürlich bin ich schon ein paar Schritte vorausgegangen, mein kleiner Sohn kommt hinterher, wer kann denn auch so lange warten, ich habe es eilig, irgendwelche Geschäfte warten, der Tag ist doch eingeteilt, Stundenzeiger, Minutenzeiger, Sekundenzeiger – und dazwischen der Junge: Langsam setzt er die Füße, bleibt stehen, dreht den Kopf in den Himmel, staunt über Wolken, Bäume, Vögel, eine vom Himmel schwebende Schneeflocke.

Ich rufe, will ihn antreiben, wir müssen schließlich weiter. Aber dann, ganz plötzlich, bleibe auch ich stehen: Ich schaue mich um, sehe den kleinen Kerl und die Mühe, die er noch mit dem Gehen hat, und die Freude, die er beim Stehenbleiben hat, und ich sehe all sein Staunen.

Und ich denke: Warum messen wir Großen mit unserem Maß, das doch nur ein Maß ist – und wer sagt denn, daß die Wahrheit bei uns Großen liegt, die wir es immer so eilig haben? Für Kinder ist die Welt und das, was sie zu bieten hat, so unheimlich frisch.

Wir Großen müßten viel öfter mit Kindern gehen, wir können von ihnen so unendlich viel lernen: das Wundern, die Freude, das Einfach-nur-Dasein – nicht das »Immer-wo-anders-sein-Wollen«. Das Glück findet jetzt und hier statt. Die Kleinen sagen es uns, auch wenn sie nicht reden können. Sie sind die Weisen im Lande.

MEIN SOHN, MEIN KLEINER SOHN

Ja, und dann kommst du spät zurück, trittst in die stille Wohnung, gehst in das Zimmer, in dem die Wiege steht, das Flurlicht brennt, genug Licht, um zu sehen, ob das Baby schläft, du neigst den Kopf, um seine Atemzüge zu hören – du bist beruhigt. Und dann sitzt du, noch im Mantel, vor dem Kind, das da in den nächsten Tag hineinschläft, der noch ohne Bedeutung für das Kind ist – von den fünf Flaschen Milch abgesehen, die ihm gehören und die es braucht und für die es schreit.

Und auf einmal beginnst du zu wägen. Das laute Leben draußen, und das stille Leben hier bei diesem Kind.

Draußen: Da war das Fest, mit all den Menschen, die du nicht kennst und die du nie kennenlernen wirst, die nur irgendwie deinen Weg kreuzen, weil der Beruf es so will oder die Gesellschaft oder die Verwandtschaft oder weiß Gott für eine Macht – du kannst dich dem ja nicht entziehen –, bist du heute nicht dabei, wirst du morgen nicht dabeisein, die Gesetze sind unerbittlich, und du mußt mitlächeln und die anderen fabelhaft finden und und und . . .

Und nun hier drinnen: das Kind, sechs Wochen lang auf der Welt, ein Hauch von Leben, wenn man so will: ein Anfang, ein erster Schritt heraus aus der Gefahrenzone der ersten Tage. Es liegt in den Kissen, schlafend und – wenn nicht alles täuscht – zufrieden. Hier ist noch alles ohne Falsch. Der Schrei – die Flasche: Das ist eine ehrliche Rechnung.

Was denke ich eigentlich, hier, vor dem Kind, neben dem Kind, über dem Kind, bei dem Kind – den Zigarettenrauch zur Seite blasend, den Autoschlüssel noch in der Hand?

Ich denke: Du bist mehr für mich als alle die Menschen, die

ich heute abend gesehen habe und die alle nett waren und reizend und interessant und freundlich – das sowieso, wer ist das nicht, nimmt man das Äußere? Ja, du bist mehr für mich, obwohl du nur daliegst und obwohl du eigentlich, ehrlich gesagt, gar nichts tust, um mich zu begeistern, du bist nur klein und hilflos . . .

Du kannst mir keine Sprosse in meinem Beruf nach oben helfen, du kannst mir kein Frauenlächeln herzaubern, du kannst keine Mark auf mein Konto bringen, du kannst immer nur fordern: daß ich es richtig mache mit dir, schon die ersten Monate entscheiden irgendwie alles, ich kann da nur Fehler machen und mein Gewissen belasten, wenn ich die Fehler spüre. Warum – warum eigentlich bist du mir so wichtig?

Mir fällt das herbe Wort eines Freundes ein, der einmal sagte: »Ich kann nichts für meinen Vater – und mein Vater kann nichts für mich.« Ich weiß nicht, ob du später auch so etwas sagst, aber ich weiß, in diesem Augenblick, daß es mir gleichgültig wäre: die Hilflosigkeit deiner jungen Tage, das erste Rudern deiner Arme, dein erstes Lächeln, das Strahlen deiner Augen, die zärtliche Berührung, von der ich hoffe, sie gilt mir – und von der ich doch weiß, daß sie ein Zufall ist –, all das allein ist Geschenk genug. Im Grunde ist es der Anfang, der sich hier zeigt – und den ich liebe. Der Anfang ist immer das Schönste im Leben, auch wenn er schwer ist: Nachher weiß man es. Der Anfang, der Beginn – der bindet.

Die Tür geht auf, meine Frau bringt die Flasche. Sie hebt das Kind langsam hoch. Während ich nur herumgedacht habe, hat sie die Flasche gemacht. »Hoffentlich erlebt es später auch so schöne Feste wie wir«, sagt meine Frau. Ja, ich wünsche dem Kind solche Feste. Aber ich wünsche ihm noch mehr: daß es irgendwann in seinem Leben von solchen Abenden heimkommt und dann auch an eine Wiege treten kann. Weil dort Wahrheit ist. Weil dort etwas beginnt. Weil dort – ja was denn? – nun sag's doch. Also bitte: weil dort Gott einen Gruß hinterlassen hat, ein Zeichen, eine Botschaft – einen Auftrag.

Da draußen, da läuft die Welt. Hier drinnen, da beginnt eine Welt. Das macht den Unterschied – und – das Glück.

EIN BISSCHEN HIMMELSBLAU

Willkommen auf dieser Welt, laß Dich bewundern, wir wollen noch einmal staunen, Du bekommst Seltenheitswert, Kinderkriegen ist nicht mehr »in«, besonders nicht hierzulande. Denn in der Bundesrepublik schrumpfte die Rate der Neugeborenen wie in keinem anderen Land! Hier will man Säuglingsgeschrei nicht mehr hören, Komfort bis in die Ohrenspitzen. Kinder sind überflüssig, gefährden nur den Aufstieg, das Zweitauto, den dritten Spülautomaten, den Ferientrip mit dem eingebauten Abenteuer, bedrohen die große Frische und Freiheit, stören bei dem Gedränge, das immer anzutreffen ist auf den Weg nach oben, dort, wo soviel Schönes wartet: der Erfolg, die neue Möbelgarnitur, das Superbenzin, der knatternde Rasenmäher und das Durchschlafen nachts, weil da kein Baby wund in den Windeln schreit.

Ein Wunder also, daß Du da bist, ein Irrtum vielleicht, wer weiß das so genau? – Dein Vater war zuerst erschrocken, als er von Deiner Ankunft hörte, denn er hatte sofort all die Schwierigkeiten vor Augen: mit Kindergarten, Schule, Autorität, Jusos und Judos, Universitäten, Bärten, Generationskonflikten. Aber nun, da nichts mehr zu ändern ist, wird es sein wie eh und je: Die Eltern treten abends in das Kinderzimmer, und sie werden staunend an dem Bett stehen, in dem ihr Kind mit seinen Träumen liegt. Sie werden das erste Lächeln fotografieren, die ersten Schritte filmen, seinen ersten Sturz als Schmerz in ihrem eigenen Herzen spüren, sie werden bangen, wenn das Kind, irgendwo im Stadtpark, plötzlich einmal verschwunden ist, sie werden noch nie so verzweifelt auf einen Arzt gewartet haben wie in dem Augenblick, da die

Fiebersäule über 41 Grad geschossen ist, natürlich an einem Wochenende, spätabends, weil Kinderfieber immer spätabends am Wochenende kommt.

Und später: Die Eltern werden schwer eine Wohnung finden, sie werden Ärger mit Nachbarn, Lehrern, Behörden bekommen, die Mark wird noch weniger wert sein, Reisen müssen ausfallen. Es wird all die Sorgen geben, die man befürchtet hatte – und doch: Es gibt da eine ganz kleine Sache, von der heutzutage nicht mehr gesprochen wird, aber wer sie besitzt, hütet sie, will sie nie missen, versteht keinen, der so hochmütig und abschätzend über Kinder spricht, genießt nur, ganz leise, eingewinkelt in seiner Familie, unbeobachtet von den Aufgeklärten, Abgeklärten, Allesbesserwissenden: die Liebe zu den Kindern und mit den Kindern. Und er weiß: Er hat sich ein Stück Himmelsblau auf seine kleine graue Erde geholt.

Von Anfang an Liebe

Ich weiß nicht, wo wir eigentlich unsere Augen haben, wir, die wir groß sind, erwachsen und »mitten im Leben stehen«, an alles denken, alles wissen, alles zu wissen glauben, uns um alles kümmern – um das Geld vor allem, denn das ist doch wichtig, nicht? Ich weiß wirklich nicht, warum wir dreißig, vierzig, fünfzig Jahre lang diese Welt gesehen haben, um eines Tages festzustellen: Von dem Wesentlichen sehen wir zuwenig. Mir ist es so ergangen, kürzlich, als ich mit meinem kleinen Sohn den Ausflug machte, den ganz gewöhnlichen, harmlosen Sonntagsnachmittagsausflug – ein Wort, so schrecklich, wie solche Ausflüge manchmal sind! – Wir hatten ein junges Mädchen dabei, ein Nachbarskind, einen Blondschopf – und wir fuhren zur Stadt hinaus. Das Mädchen hatte eine Puppe bei sich, und als ich mit meinem Sohn spielte und dabei die Kleine – ehrlich gesagt – kaum beachtete, da drückte sie die Puppe an sich, selbstvergessen, und irgendwie sprach sie auch mit diesem Stück Zelluloid. Und plötzlich fühlte ich, welche Kraft in einem solchen Kind steckt: die Phantasie, mit der es sich aus der Einsamkeit rettet, die Zwiesprache, die in Wahrheit ein Monolog ist – Kinder können träumen und sich ihre eigene Welt zurechtbauen. Das Fohlen auf der Weide – es hatte so traurige Augen wie das Mädchen zu meiner Seite, aber dann sprang es hoch, und die beiden unterhielten sich miteinander. Ich war schon einige Schritte weitergegangen, das Mädchen blieb zurück und fragte das Fohlen, wo es denn eigentlich schlafe . . .

In der Straßenbahn erzählte mir das Mädchen später, daß es vom Pferd wirklich Antwort bekommen habe. – Mein Gott, diese Welt ist nicht nur das, was ist, sondern auch das, was man sich vorstellt, und Kinder sind Könige in ihrem Reich – und am Anfang ist allemal die Liebe. Vergessen wir Großen das nicht viel zu oft? Wann nehmen wir uns die Zeit, endlich Zeit zu haben? Immer gibt es die Uhr: tagsüber im Beruf; abends, wenn wir einem Vergnügen nachjagen; nachts noch versuchen wir, öfter als gut ist, mit Tabletten den Schlaf zu verändern: Wir möchten ihn schneller machen – schneller einschlafen – und tiefer –, bloß nicht aufwachen! Alles möchten wir steuern, beeinflussen, manipulieren, dirigieren. Und dann kommt so ein Kind daher und lehrt uns: Man kann eine Kaufhauspuppe lieben, man kann mit Pferden sprechen, man kann Wolken vom Himmel zaubern, man kann auf einem Sonnenstrahl reiten und – man kann Liebe finden, wo immer man will, ganz einfach: indem man Liebe gibt.

Diese Unbefangenheit, die später dahinbricht, Stück für Stück, von Jahr zu Jahr mehr – wer rettet sich davon ein winziges Stück in sein späteres Leben? Sicher, es gibt Augenblicke, da auch wir Großen noch einmal einen Zipfel erhaschen: wenn wir in die Ferien fahren und den fremden Ort für uns erobern, wenn wir am Meer liegen und aufs Wasser schauen. Aber diese Augenblicke, in denen wir spüren: Wir sind eins mit der Welt und mit uns selbst und mit dem Menschen, den wir lieben – diese Augenblicke sind rar. Ein Kind an die Hand zu nehmen und die Welt durch die Augen des Kindes neu zu entdecken – das ist eine Sache, die sich verlohnt. Aber weil sie nichts kostet, scheint sie wenig wert zu sein – ein Irrglaube, ein Fehler, den wir Großen teuer bezahlen müssen.

DAS GLÜCK, EIN FREUND ZU SEIN

Da sind eine Handvoll Wünsche, die möchte ich Dir mit auf den Weg geben, mein kleiner Sohn. Einer davon ist der Wunsch, daß Du Freunde findest – und daß Du selber die Fähigkeit entwickelst, anderer Menschen Freund zu sein. Du sollst Freundschaft geben – und nehmen können.

Es gibt Kinderfreundschaften: bunte, leuchtende Luftballons, voller Phantasie, jäh aufsteigend, hochgerissen in den blauen Himmel, der keine Wolken und kein Ende kennt. Heiß und kalt sind diese Freundschaften, der Streit kommt schnell in die kleinen Freundschaften, fährt wie ein Gewitter dazwischen. Aber Kinder haben diese herrliche Fähigkeit, die den Großen später so unendlich schwerfällt: Sie können schnell verzeihen – und vergessen.

Es gibt Jugendfreundschaften. Auch sie steigen steil empor, wie Drachen, wie Ballons, wie Flugzeuge, wie Vögel – aber sie zerbrechen nicht mehr so schnell; und zerbrechen sie doch einmal, lassen sie sich nicht mehr so leicht kitten. Ich wünsche Dir viele Jugendfreundschaften! Mit jedem Freund öffnet sich für Dich eine Tür in ein neues Stück dieser Welt. Freunde machen das Leben reicher, tiefer, sinnvoller – manchmal wird es durch Freunde auch traurig und verzweifelt, aber all das gehört dazu. Du wirst es lernen: Es gibt nichts ohne einen Preis, keinen Reichtum ohne Neid, keinen Erfolg ohne Einsamkeit, keine Freundschaft ohne Schwierigkeiten.

Schließlich gibt es – selten, das muß gesagt sein – Freundschaften, die sich noch bilden, wenn die Tore hinter der Kindheit und Jugend längst zugeschlagen sind. Aber um diese Freundschaften, mein Sohn, ist nicht mehr der Glanz, der die in jungen Jahren geschlossenen Freundschaften umgibt: der Glanz von Unbefangenheit und Selbstlosigkeit.

Später, so um die dreißig, um die vierzig, um die fünfzig, kommen – oft nur ganz leise, aber doch nicht überhörbar – die Fragen: Ist dies wirklich eine Freundschaft ohne Blick auf Karriere, Geld, Vorteile? Von der Ehrlichkeit der Antwort hängt der Wert der Freundschaft ab. Ich wünsche Dir darum viele Freunde in Deinen jungen Jahren, und wo Du sie triffst, da halte sie fest.

Und was ich mir selber wünsche ist dies: daß mir das Glück zuteil wird, eines Tages nicht nur Dein Vater, sondern auch Dein Freund zu sein – Dein ältester sicher, aber nicht Dein schlechtester.

DIE WICHTIGSTE VERABREDUNG

Wir Väter sind täglich verabredet – leider vergessen wir das so oft. Wir haben so viele andere Termine. Und da laufen wir hin und sind sogar pünktlich und reden und erledigen vieles und tun wichtig – bis wir nach Hause kommen und plötzlich spüren: Wir haben ja unsere wichtigste Verabredung gar nicht eingehalten! Unser Kind hat gewartet – auf den Vater gewartet, der den lieben langen Tag fort war.

Kinder sind wehrlos – kleine Kinder, große Kinder, alle. Vater hat immer etwas Wichtiges zu tun. Das kennen sie schon. Das ist für Kinder keine neue Melodie.

Wenn ich abends erst nach der Tagesschau nach Hause komme, ist mein Dreijähriger im Bett und schläft. Er kann mir nun nichts mehr mit aufgeregter Stimme erzählen, kann mir nicht sagen, ob er mich vermißte. Ich aber weiß schon in der Sekunde, da ich mich über ihn beuge und in sein Gesicht schaue: Sein Entgegenstürmen, sein »Arme-um-den-Kopf-Legen«, sein Ganz-nahe-Kommen zum Einschlafkuß – das alles fehlt mir plötzlich.

Und wenn ich meine große Tochter in der Stadt treffen will – »also um ein Uhr« – und ich lasse sie warten, weil sich ein Besucher geschäftlich dazwischengedrängt hat, dann habe ich gleich gegen drei Selbstverständlichkeiten verstoßen: gegen die Höflichkeit, auf die eine junge Dame Anspruch hat, auch wenn sie meine Tochter ist; gegen die Zuverlässigkeit und gegen die Rücksichtnahme. Das eigene Kind zu verletzen, zu demütigen, zurückzudrängen, nur weil es gerade ein Fremder so will – das Kind um die Zeit mit seinem Vater zu betrügen – wer kann das eigentlich verantworten?

Beim Steuerberater, bei Konferenzen, bei Einladungen

aller Art bin ich pünktlich, und das ist nicht immer leicht – warum mache ich es mir eigentlich bei meinen eigenen Kindern leicht?

Dabei haben die Kinder am Ende eines langen Tages so viel zu berichten und zu fragen! Aber Vater? Wenn Vater nicht da ist? Mutter ist da, sicher, aber Mutter ist nicht Vater. Man kann beide nicht tauschen.

Ich weiß nicht, was wir Männer bloß im Kopf haben, wenn wir glauben, ein »Husch ins Körbchen«-Kuß am Abend genügt – und aus. Ein Kind, ein kleines wie ein großes, will mehr, braucht mehr und hat ein Recht auf mehr.

Wir Väter müssen wissen: Die Hand, die sich in deine Hand hineinschmiegt, in einem zauberhaften verstohlenen abendlichen Augenblick – diese Hand wird größer. Und das Gesicht des Kindes verändert sich. Und seine Gedanken. Und seine Sprache. Von Tag zu Tag zerbricht etwas und wird etwas Neues. Dein Kind heute ist nicht mehr dein Kind morgen. Was du an ihm heute nicht gesehen, genossen, miterlebt hast – ist dahin.

Die Konferenzen, die Freundesrunde – gut und schön. Aber das Kind, das inzwischen auf dich wartet? Es hat keinen Terminkalender. Und wenn es einen hätte, dann wären da ein paar Stunden mehr drin, auf denen »Vati« stehen würde – oder »Papi«.

Heute abend werde ich früher heimgehen. Heute abend bestimmt. Und wenn mich jemand fragt, werde ich nur sagen: Ich bin verabredet . . .

HOCHZEITSREDE EINES VATERS

An diesem Tag, da Du aus meinem Leben heraustrittst und in Dein eigenes Leben eintrittst – da stehe ich, Dein Vater, mit einer Art von Hilflosigkeit am Wege, die so ganz anders ist als jede Art von Hilflosigkeit, die ich sonst in meinem Leben erfahren mußte. Es ist die Hilflosigkeit des Glücks. Es ist das Gefühl, daß meine Wünsche vielleicht nicht ausreichen könnten, daß sie sich schneller verbrauchen, als Deine Schritte vorwärts gehen – und es ist ein ehrliches Stück Abschied in diesem Tag: Laß mich nachdenken, was ich Dir mit auf den Weg geben kann, ohne daß Du überfordert wirst. Eine Handvoll Wünsche also, mehr nicht.

Da wäre zunächst mein Wunsch, daß Dein Mann es ehrlich mit Dir meint, daß er in Dir nicht nur die Frau sieht – sondern den Menschen. Der Reiz, den Jugend und Schönheit ausmachen – beides ist ein Geschenk, beides verflüchtigt sich, viel schneller, als man je glaubt –, reicht nicht aus für eine gute Ehe. Größere Chancen gebe ich dem Gefühl des gegenseitigen Besorgtseins. Eure Ehe sei ein einziges langes, gutes Gespräch. Der Kuß ist eine herrliche Sache – aber die Hand, die noch einmal zärtlich über Dein Gesicht streicht, während Du schon im Einschlafen bist, verrät Dir, wie es – nicht um die Verliebtheit, sondern um die Liebe, die allein von Dauer ist – wirklich bestellt ist.

Dann wünsche ich Dir, daß Du eine wunderbare Gabe nicht verlierst: an die Sonne zu glauben, auch wenn sie hinter Wolken verborgen ist. In der Ehe wird es diese verhangenen, trostlosen Tage geben, denn die Ehe ist ein Teil des Lebens, und auch dieser Teil unterliegt den Gesetzen des Lebens: Es gibt keinen Naturschutzpark für Eheleute, es gibt keine

Schonzeit für die Liebe. Der Ärger mit dem Beruf, die leidige Sache mit dem Geld, die Hoffnungslosigkeit, die den Menschen zeitweise in die Tiefe zieht – all das wird vor Eurer Haustür nicht haltmachen.

Ich wünsche Dir, drittens, Kinder. Jedes Kind ist ein Händedruck mit der Zukunft. Kinder lenken den Blick nach vorn. Die Gegenwart ist lebendiger – und es bleibt weniger Zeit, sich um sich selbst zu drehen, wie ein Brummkreisel: Kinder schärfen den Blick für das Wesentliche und das Beglückende.

Darf ich, als nächstes, einen Wunsch vortragen, der auf den ersten Blick etwas sonderbar klingt? Ich möchte Dir wünschen, daß Du Dich freihältst von der Jagd nach den sogenannten »äußeren Dingen«. Nicht, daß ich Dir nicht eine schöne Wohnung wünschte oder wunderbare Reisen oder kostbare Kleider oder gute Plätze, wo immer Du sein möchtest: im Theater, beim Ball, bei Gesellschaften. Aber nimm das alles nicht so wichtig. Der Tanz um die »goldenen Kälber«, von denen der Dichter spricht, ist nicht lohnend, »halte fest: Du hast vom Leben doch am Ende nur Dich selber«. Du kannst Deinem Mann, Du kannst Deinen Kindern, Du kannst den Menschen um Dich herum nur etwas sein, wenn Du Dir selbst etwas bist. Der wahre Reichtum besteht nicht in den Dingen, die ein Mensch besitzt, sondern in den Dingen, die er bekommen könnte: Die Möglichkeiten sind von größerer Faszination als die Erfüllung. So nimm auch diesen Tag der Hochzeit nicht als Tag der Erfüllung, sondern als den Tag des Beginns.

Eine Handvoll Wünsche, mehr nicht, so habe ich es versprochen. Darum hier mein letzter Wunsch, und er ist so einfach, daß ich ihn kaum zu nennen wage: Ich wünsche Dir Glück; pures, schieres, einfaches Glück. Ich kenne zu viele

Menschen, die trotz allem Fleiß, aller Aufrichtigkeit, aller Mühsal ein Leben ohne Glanz führen. Die immer, wohin sie auch gehen, an eine Mauer stoßen; deren Augen wie blinde Spiegel sind; deren Ohren selten einen Jubelschrei hören; deren Hände nur Arbeit kennen – und die einen zärtlichen Gegendruck kaum gespürt haben. All diese Menschen haben auch nur ein Leben zu leben, all diese Menschen bekommen keine zweite Chance. Man braucht einen Schuß Glück, sonst geht es nur schwer voran, und darum wünsche ich Dir dieses Glück.

Die Tür, die heute hinter Deiner Kindheit und Jugend ins Schloß fällt, an diesem Tage, zu dieser Stunde – sie fällt nicht ins Schloß: Sie bleibt einen ganz kleinen Spalt offen. Der Spalt ist zu klein, als daß Du zurück könntest, mein Kind – aber er ist groß genug, daß Deine Eltern immer ganz schnell zu Dir kommen können, wenn Du Hilfe oder Rat brauchst.

II
DAS IST MAL
EINE GUTE
NACHRICHT!

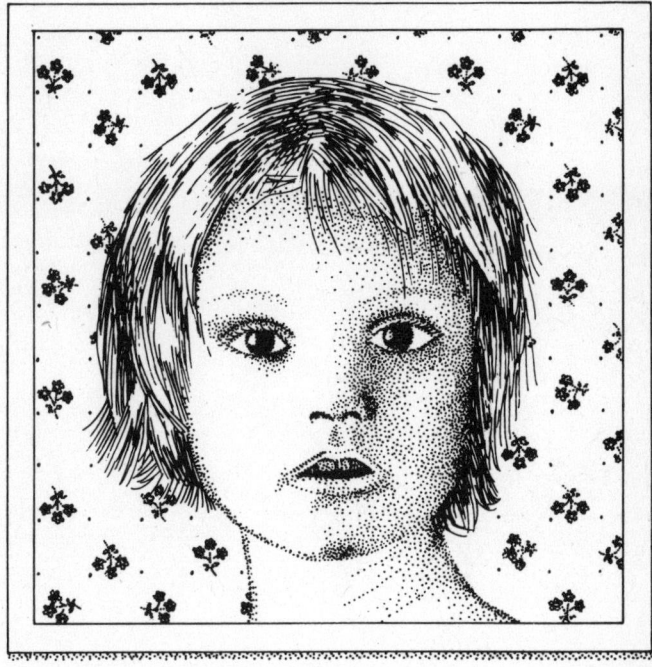

Das ist doch mal eine gute Nachricht!

Daß alle Jahre wieder bei der Frage nach dem größten Wunsch die Gesundheit an erster Stelle genannt wird – wen wundert es? 88 Prozent aller Deutschen gaben der Gesundheit Platz 1 auf ihrer seelischen Hitliste.

Auch die Sehnsucht, daß es mit dem wackeligen Frieden so bleiben möge, wie es ist, läßt sich schnell begründen: Krieg wäre nicht nur die größte Bedrohung von Leib und Leben, Krieg würde alles in einem Feuersturm vernichten. Also: 39 Prozent wünschen sich politische Stabilität.

Dann aber kommt die Überraschung, die all die Propheten der »neuen Lebensqualität« schier erblassen läßt: An dritter Stelle der deutschen Wunschliste finden wir »Zufriedenheit und Harmonie innerhalb der Familie«. Hier ist der Sprung sensationell: von nur 6 Prozent vor einem Jahr auf 31 Prozent (!) an diesem Jahreswechsel.

Diese Plazierung – noch vor der Sicherheit der Arbeitsplätze, noch vor dem Kampf gegen die Inflation – läßt sofort zwei Gedanken aufkommen. Entweder sieht es in den deutschen Familien so fabelhaft aus, daß alle nur noch davon träumen, diesen harmonischen Zustand zu erhalten – oder die Sehnsucht nach »mehr Familie« signalisiert: Weil wir allüberall, am Arbeitsplatz, auf Reisen, unter Nachbarn und Freunden, nicht die menschlichen Bindungen finden, die uns wahrhaft ausfüllen, suchen wir sie wieder im engsten Umfeld.

Ich glaube, daß bei dem Wunsch nach der Zufriedenheit in der Familie beide Gründe zusammenlaufen: Familie ist einfach wieder »in«. Nachdem sie jahrelang in Grund und Boden diskutiert wurde, nachdem in Zeitungen und Magazinen, die von der Verwirrung, nicht von der Klärung leben, die Feldzüge für Kommunen und andere »relevante Formen neuen gesellschaftlichen Zusammenlebens« geführt worden sind – kurzum: Nachdem man sich als normal arbeitender Familienvater mit Ehefrau (ohne Freundin), zwei Kindern, Lohnstreifen und Wochenend im Grünen schon richtig vorgestrig fühlte, kann man nun endlich wieder Luft schöpfen.

Auch muß die Mutter nicht mehr engere Jeans als die Tochter tragen, der Wettlauf der Generationen, der im Badezimmer begann und im Schlafzimmer nicht enden durfte, wird lächerlich. Wir können wieder laufen, ohne zu schnaufen. Die Kinder wollen wieder »richtige Eltern« haben; die Sache mit der Ohrfeige ist erfreulicherweise vorbei, aber Vater darf schon mal auf den Tisch hauen. Kinder wissen längst um Aggressionen Bescheid. Ein bißchen Freud bringt mehr Freude ins Haus.

Und da in der Welt da draußen auch nur wenige Kerzen der Liebe brennen, schaut man mal wieder zu Hause nach, ob man dort nicht etwas reparieren kann, damit es wieder leuchtet. Die tieferen Gründe für die Geborgenheit, die wir in der Familie suchen, vermute ich allerdings woanders: in der »seelischen Brutalisierung« der vergangenen Jahre. Die Bilder des Schreckens, allabendlich in der Tagesschau zu besichtigen, können auch dann nicht ohne Spuren bleiben, wenn uns das alles direkt nichts angeht: Sie zeigen die schnelle Verwundbarkeit des Menschen. Der Fremde bleibt heute leichter ein Fremder. Das Zutrauen ist seltener.

Kein Wunder also, daß die Familie, die auch nicht immer das reine Honigschlecken ist, das Rennen macht – weil sie einige Vorzüge aufweist, die heute so sehr zum Mangel geworden sind: Ansprechen, Zuhören, Umeinanderwissen. Mutter ist auch nicht immer die Beste, aber sie ist immer da – und wer ist schon sonst noch auf dieser verrückten Welt für uns da?

MUTTERLIEBE AUF KOMMANDO?

Heute ist Muttertag – und Muttertag, so sagt mancher, ist seelischer Krampf. Es ist der Tag der Drogisten und Blumenzüchter. Es ist der Tag, da es Liebe auf Kommando gibt. Der Wandkalender mahnt: Da Gott nicht alles allein machen wollte, schuf er Mütter. Muttertag ist ein alter Hut – mit Rosen und Tulpen garniert. Die Kinder müssen brav sein, wenigstens einmal im Jahr. Und überhaupt: Eigentlich müßte jeder Tag ein Muttertag sein, nicht? Ohne Brimborium, einfach nur so. Wer etwas gegen den Muttertag sagt, der ist modern, fortschrittlich, der stellt auch diesen Tag in Frage, denn in Frage stellen ist der Trick, um heutig zu sein. Das ist die eine Seite.

Und wie sieht die andere Seite aus? Natürlich hat die französische Dichterin Simone de Beauvoir recht, wenn sie sagt, daß »die Mutter nicht eigentlich das Kind schafft; es bildet sich in ihr«. Aber wenn das Kind dann da ist, wer ist es dann vor allem, der für das Kind da ist?

Es ist die Mutter! Sie hat die schlaflosen Nächte, wenn das Kind in Krankheit weint. Sie behütet seine oft wirren Wege. Sie nimmt teil an dem schwierigen Prozeß, erwachsen zu werden. Sie ist Vertraute, Freundin, Erzieherin, Mahnerin, Betreuerin, Ernährerin – sie wird aus der Verantwortung nie entlassen, die spätestens dann von ihr empfunden wird, wenn das kleine, unbekannte Wesen zum ersten Mal »an die Pforten der Welt, an die Wand des Leibes pocht, die es von der Welt trennt«. Ich erinnere mich an ein Denkmal in Mexiko, das all den Frauen gewidmet ist, die Mutter wurden. Die Inschrift lautet: »Derjenigen, die uns liebte, schon ehe sie uns kannte.«

In einer Zeit, die so wenig liebevoll ist wie diese, die von

Mütterlichkeit so wenig wissen will, die sich kühl gibt und aufgeklärt und unsentimental, die so wenig Gefühl für das Gefühl hat – in einer solchen Zeit ist es so falsch nicht, wenn an einem Tag den Müttern zugerufen wird: Habt Dank für eure Liebe; habt Dank für eure Tränen; habt Dank für tausend Wege, die ihr gelaufen seid; habt Dank für alle Zärtlichkeit. Und da nicht sicher ist, daß wir, eilig wie wir sind, an den 364 übrigen Tagen des Jahres dazu kommen – sollten wir wenigstens diesen Tag als eine gute Möglichkeit nutzen.

SEHEN WIR EIGENTLICH NOCH DIE GRENZEN DES GLÜCKS?

Es ist erregend – und es ist trostlos, jenes Schauspiel, das zur Zeit auf der Bühne unseres Lebens abläuft. Wir wissen nicht, ob wir Zuschauer, Regisseure, Chargen oder Helden sind. Aber betroffen sind wir alle. Und der Name des Stückes, das uns so viele Schmerzen bereitet, heißt: »Wie der moderne Mensch sich Schritt für Schritt selber unglücklich macht.«

Reden wir nicht von den Politikern: Ihre Gesichter werden von Woche zu Woche blasser. Sprechen wir nicht von den Kirchenmännern: Von ihnen hört man am lautesten, wenn einige von ihnen hinter roten Fahnen demonstrieren. Vergessen wir auch die Ärzte: Bei ihnen scheint es hauptsächlich um die Amputation der Chefärzte zu gehen. Schweigen wir über das Fernsehen, das miserabel zu finden heute schlicht zum guten Ton gehört – allüberall auf der Lebensbühne Sorge, Verblendung, Neid.

Stoßen wir gleich zum Zentrum vor, dorthin, wo der Mensch zutiefst betroffen ist, wenden wir uns also der Ehe zu, von der wir nun nach den neuesten Zahlen eines ganz sicher wissen: Sie ist krank, so krank wie nie zuvor. Nicht jede Ehe, aber viele Ehen um uns herum. Und das bedeutet: Ansteckungsgefahr! In Hamburg und Berlin entfällt heute schon auf je zwei Hochzeiten eine Trennung. 90 000 Scheidungen im letzten Jahr allein hierzulande. Das hat es noch nie gegeben!

Und das bedeutet: So viele Menschen wie in Ulm und Göttingen zusammen leben, haben Krieg miteinander, fügen sich Schmerzen zu. Da gibt es böse Briefe, endlose Telefonate, berghohe Lügen, Entsetzen bei der Trennung, weinende Kinder – den »modernen Menschen« ficht das kaum an, er

darf sich nicht aufhalten lassen. Er stürmt seinen verschwom-
menen Zielen zu – so einsam war noch keine Generation.

Ein Wissenschaftler, der Psychiater Professor Paul Matus-
sek, hat die Probleme offengelegt, die viel zu hochgeschraub-
ten Wünsche erkannt: »Früher, im Ständestaat, wollte keiner
anders sein, als er ist; heute möchte jeder etwas anderes sein,
und je mehr er es sein möchte, um so unglücklicher ist er.«

Schon sagen Ärzte, daß jeder dritte Mensch hierzulande
seelisch gestört ist, längst in hilfreiche Hände gehört. Nie gab
es soviel Depressionen. Nur bei den Kindern, da nehmen die
Depressionen schon wieder ab, wie jetzt auf einem Berliner
Kongreß erklärt wurde, weil dafür etwas anderes ganz groß
im Kommen ist: die harte kindliche Aggressivität. Opposi-
tion um jeden Preis. Schulverweigerung heißt diese neue
Krankheit.

Und so werden, kaum daß das Ehedrama abgelaufen ist,
aus den Kulissen die gefährdeten Kinder hervortreten – und
wieder werden auf der Bühne kein Licht und keine Hoffnung
sein.

Wahrlich, kein gutes Stück. Der moderne Mensch hat sich
übernommen. Er will zuviel, und er will alles auf einmal.
Totalen Genuß. Weniger Arbeit. Viel Prestige. Alle Freiheit,
keinerlei Bindung. Aber die das Herz anrührenden Seiten
einer menschlichen Bindung, die will er schon. Er will sehr
wohl den seelischen Komfort, aber möglichst auf einem
Freiplatz.

Die vielen Rollen, die wir auf der Bühne des Lebens
gleichzeitig zu spielen haben, überfordern uns – manchmal
bis zum Herzinfarkt, wie Untersuchungen ergeben haben.
Und es gibt doch so wenig Rezepte. Vielleicht hilft noch am
ehesten, an das zu denken, was Berliner in solchen Fällen
sagen: Haben Sie es nicht eine Nummer kleiner?

KINDER DER ANGST

Es fing ganz harmlos an. Die jungen Leute sollten in Schulaufsätzen schildern, wie sie sich das Leben vorstellen, wenn sie selber fünfzig Jahre alt sein werden. Eine kleine Vorausschau, etwas Zukunftsmusik. Die Lehrer dachten wohl, Aufsätze zu lesen mit dem Titel: »Dann fahre ich mit Cooks zum Mond.« Denn hier handelte es sich um englische Teenager.

Was aber kam, war der Blick in einen Abgrund. Die Schatten fallen neuerdings voraus, die jungen Gedanken sind alt: angefüllt mit Angst und Schrecken. »Wenn ich fünfzig bin, klettere ich ins Bett und flüstere zu Gott das gleiche Gebet, das ich die ganzen letzten Jahre gesprochen habe: daß ich nie wieder aufwachen möge.« Und ein anderer schrieb: »Ich glaube nicht, daß ich es aushalten kann, alt und häßlich zu werden. Vielleicht, wenn noch eine Falte kommt oder noch ein graues Haar, dann werde ich Schluß machen.«

Von Verfall und Krankheit ist hier die Rede, von Sinnlosigkeit und Einsamkeit, und das ist bei Jungen so wie bei Mädchen: Ein sexuell verwöhntes Girl, pillenerprobt, zeichnete sogar die schrecklichste Version: »Meines Mannes Kahlkopf erscheint in der Tür, wie langweilig ist es, Tag für Tag den gleichen Mann zu sehen, ich denke zurück an die Tage, als ich mich davon überraschen ließ, mit wem ich morgens wohl aufwachen werde.«

So weit – so schlecht. Wenn diese Bekenntnisse die innere Stimmung der Jugend von heute spiegeln – und Psychologen lassen daran keinen großen Zweifel –, dann wird plötzlich so vieles verständlich: die rasende Geschwindigkeit, die junge Menschen in ihr Leben hineinbringen – und nicht nur indem sie auf dem Feuerstuhl eines Motorrades immer neuen Todesgefahren entgegenbrausen. Auch ihre Unerbittlichkeit des »Alles-sofort-haben-Wollens« wird erklärlich.

Wer glaubt, daß im Film des Lebens nur der Anfang farbig ist, der Rest aber ödes Schwarzweiß = Rentnerdasein, der packt natürlich in sein junges Leben hinein, was nur hineinzupacken geht. Da muß alles sozusagen aus dem Stand heraus funktionieren. Erfolg, Genuß, Rausch – hier und heute. Das Leben in der verkürzten Perspektive.

Wird man den jungen Menschen jemals beibringen können, daß ihre Rechnung nicht stimmt? Und vor allem: Was führen wir, die wir so um die Fünfzig schwanken, eigentlich für ein Leben, daß die jungen Menschen solche Angst davor haben?

KINDER, WIE IHR DIE ZEIT VERDREHT . . .

Nun läuft der Film andersrum. In Bozen haben Schulkinder zur Abwechslung einmal die Lehrer vom Unterricht für eine Woche »ausgesperrt« – und den Direktor gleich dazu. Der Grund ist die landläufig unschöne Lappalie einer Ohrfeige. Und beim Süddeutschen Rundfunk sorgten 5000 Kinder dafür, daß ihr »Protest« erhört wurde: Eine wegen angeblicher Brutalität abgesetzte Comic-Serie darf wieder über den Bildschirm flimmern.

Vielleicht kommt mein fünfjähriger Sohn morgen daher und verbietet mir, ins Büro zu gehen. Ich werde es meinem Chef mitteilen, soll er dann sehen, wie er den Hosenmatz wieder auf Vordermann bringt. Er kann ja mit ihm »diskutieren«, wie das Problem des zu lange abwesenden Vaters zu lösen ist. Es werden sich sicher ein paar Gutachten dafür finden lassen, daß es für die seelische Entwicklung des Kleinen gut ist, wenn ich öfter zu Hause bin. Vielleicht muß man dann die unausweichlichen »gesellschaftlichen Veränderungen« in meinem Arbeitsverhältnis einleiten, die ohnehin nach Veränderungen schreien, denn Veränderungen alleine bringen Veränderungen, und diese Welt darf doch nicht stehenbleiben.

Vor allem muß darüber viel und lange diskutiert werden, die Arbeit kann inzwischen warten. Und auf Kinder (und Narren) nicht zu hören ist sowieso bestimmt falsch, weil sie nach dem bekannten Sprichwort die Wahrheit sprechen.

Auch die Bundeswehr-Offiziere haben ihre Sorgen mit den Zwanzigjährigen. Es macht sich bei den Chefs, wie der Wehrbeauftragte des Bundestages in dieser Woche sagte, eine »Verdrossenheit« breit – schlimmer noch: Die Herren sind »diskussionsmüde« geworden. Das verstehe, wer will.

Natürlich werden wir in dieser merkwürdig verdrehten Welt alle viel glücklicher, freier, selbstbewußter werden, wenn wir fernab aller ordnenden Autorität viel diskutieren. Die kleinen Piepmätze eingeschlossen, auch sie haben eine Stimme, das Beispiel aus Bozen zeigt es. Mein Zahnarzt, den ich kürzlich besuchte, hatte sich von seinem Assistenten getrennt. Der junge Mann hatte während des Studiums so viel diskutiert, daß er nicht wußte, wo und wie und wann er den Bohrer ansetzen muß. Nun arbeitet mein Zahnarzt in der Praxis wieder allein. Die Patienten, die er nicht behandeln kann, werden ihre Schmerzen behalten, oder sie gehen zu einem anderen Kollegen, wo sie vielleicht auf diesen jungen Arzt treffen, der zwar reden, aber nicht bohren kann.

Wenn das alles Schule macht, werden wir, um im Bilde zu bleiben, eines Tages viel zu beißen – aber keine Zähne mehr haben. Dafür werden wir unermüdlich diskutieren, diskutieren, diskutieren. Nur – es spricht sich so schlecht mit zahnlosem Mund.

Hört doch auf, die Väter zu beschimpfen

Vor drei Tagen, am Vatertag, was habe ich da gesehen? Fuhren Männer mit Kreissägen auf dem Kopf und Flaschen unter dem Arm durch die Lande, singend, grölend, randalierend? Nahmen Väter für einen Tag Abschied von der Familie und fühlten sich als die Größten? Oder was taten sie – die Väter?

Vielleicht hatte ich Glück, gleichviel, was ich sah, war dies: Männer, die mit ihren Kindern spielten. Fußball, Bootfahren. Die ihren Kindern Eis kauften. Die Kinderwagen schoben, etwas unbeholfen wie Astronaut Mitchell einst mit seinem Mondkarren, aber immerhin. Ich sah wirklich zärtliche Väter.

Über die Väter in diesem Land ist in den letzten Jahren viel Schreckliches geschrieben und geredet worden. Auf Kongressen wurde lamentiert: Der Vater als Leitfigur sei praktisch ausgefallen. Und sei es nur aus dem ganz simplen Grund, daß er einfach nicht zu Hause ist. Väter – so die Fachleute, die immer alles besser wissen – jagen dem Gelde nach, dem Wohlstand, dem Luxus, dem eigenen Haus, dem Auto, dem Kühlschrank, der Waschmaschine, kurzum: dem Wirtschaftswunder. Und sie vergessen dabei die Seelen ihrer Kinder, die der väterlichen Liebe bedürfen.

Nun mag eine Spur Wahrheit in diesen Vorwürfen stecken. Aber die Frage wird ja wohl noch erlaubt sein, ob die Väter nicht alles dieses heranschaffen, um auch ihren Kindern ein schönes Leben zu bieten? Denn: daß mancher Mann lieber einen zweisitzigen, schnittigen Sportwagen fahren würde als eine fünfsitzige Familienkutsche, wer glaubt das nicht?

Besonders die Männer über vierzig, die die deutsche

Trümmerlandschaft von 1945 verwandelten – und die das, bitte schön, immer noch mit Arbeit, und nur mit Arbeit geschafft haben, sind vielleicht nicht immer die reinen Bilderbuchväter gewesen. Aber aus vielen Gesprächen mit vielen Vätern weiß ich: Sie haben es begriffen, sie wollen nachholen, was sie versäumten – um was sie ja sogar betrogen wurden! Denn so töricht ist kein Mann, daß er bei der Jagd nach der nächsten Wohnungsbauprämie nicht doch ganz plötzlich spürt: Was nützt es mir, wenn ich die ganze Welt gewänne und Schaden nähme an der Seele meiner Kinder. Daß die Väter »ihren Tag« nicht mehr dazu benutzen, sich von der Familie zu entfernen, sondern daß sie sich der Familie zuwenden, zeigt den Wandel. Und was am Vatertag so gut klappte, kann am nächsten Sonntag gleich noch einmal geübt werden!

HÄTTE ER DOCH WAS GESAGT!

Der Anruf kam unvermutet. Ich erkannte die Stimme nicht sofort. Dann versuchte ich etwas Belangloses zu sagen, und dann fiel mir endlich ein, wer da sprach.

Er habe sich nur mal melden wollen, er habe zufällig von mir gehört, und da hätte er gedacht, »man dürfe ja wohl einmal stören . . .« Und dann: ein kleiner Scherz, ein »Weißt du noch?«, ein langgezogenes »Ja, damals«, eine Pause schließlich. Sagten wir damals eigentlich du, sagten wir Sie zueinander? Alles ist so weit fort. Verweht in der Hast der Jahre. Nur an sein Gesicht erinnere ich mich noch, blaß und schemenhaft.

Wie lange ist alles her! Da gab es im Beruf ein Stück gemeinsamen Weges, manchen Ärger, aber auch ein paar lustige Abende nach Dienstschluß. Wir hielten damals, nach dem Krieg, die Welt fest in unseren Händen. Die Sonne lag breit über unserem Leben. Er hatte als erster von uns ein neues Auto, ich durfte um den Häuserblock fahren. Dann kam seine erste Auslandsreise, er schrieb aus Venedig, ich hatte die Karte noch wochenlang auf meinem Schreibtisch stehen.

Wie es mir so ergangen sei, wollte er wissen. Ja, er hätte Glück gehabt, sich rechtzeitig selbständig gemacht, nur seine Ehe sei schlecht gelaufen, geschieden – die Kinder seien nun aus dem Haus . . .

Ob er aus der Stadt anrufe wollte ich wissen, dann könnte man sich doch schnell mal irgendwo treffen. Heute ginge es zwar nicht mehr, zuviel Arbeit, aber morgen vielleicht . . .

Nein, er rufe von auswärts an, nur so, um mal zu hören, nichts weiter, also bis zum nächsten Mal, »ich melde mich dann auch vorher an«. – Das hörte ich noch, und ich sagte, das würde mich freuen . . .

Knack – vorbei. Ich legte den Hörer auf die Gabel. Es gibt ihn also noch! Er hat irgendwo sein kleines Glück gemacht. Es ist alles nicht mehr so strahlend, man wird ja auch älter, aber immerhin . . .

Jetzt, Wochen nach diesem Anruf, erfuhr ich, daß er doch in der Stadt gewesen ist; daß es ihm schlechtging; daß er dringend Hilfe brauchte; daß er mich deshalb angerufen hatte, aber dann muß ihn der Mut verlassen haben, weil heute jeder seines Weges geht . . . Was zählt da schon ein Stück Gemeinsamkeit? Die Zeiten haben sich geändert. Die Zeiten? Wirklich nur die Zeiten? Nicht auch die Menschen?

NICHT EINMAL MEHR EIN KINDERLÄCHELN

Ein alter, weiser Freund schrieb mir dieser Tage, »die Seligkeit der Kinder falle nicht mehr auf die Eltern zurück«. Es sei schwer, heute Vater zu sein, Mutter zu sein, die Jugend selber sei so schwierig geworden, die Familien seien hin und her geschüttelt zwischen autoritärer, antiautoritärer, unautoritärer Erziehung, ein Wust von Theorien. Die gute alte Liebe reiche wohl nicht mehr aus, die Probleme zu lösen, die Aufbegehren, Drogen, Kriminalität, Streunertum und Gammelei heißen.

Danken also die Eltern ab? Hört man nicht allenthalben, daß wir Deutschen kinderfeindlich seien – spürt man nicht immer häufiger, daß wir nun auch kindermüde werden?

»In diese verrückte Welt setze ich doch keine Kinder« – wie oft habe ich diese These in den letzten Wochen gehört! Auch wer nicht glaubt, daß sein Kind eines Tages in gestohlenen Autos mit Bomben durch die Gegend reist, ist voller Sorge: Sein Kind später in der Universität zu wissen reicht vielen Eltern schon zur Beunruhigung. Denn heute brauchen nicht nur kleine Kinder immer häufiger einen Schutzengel – und bei unserem sehr lockeren Verhältnis zum lieben Gott ist kaum damit zu rechnen, daß er uns ein solches Heer von Schutzengeln herunterschickt.

Aber auch diejenigen, die Kinder haben, trainieren sich in einer neuen Form von Eltern»liebe«: ein bißchen mehr Distanz, damit, wenn es alles schiefläuft, der Abschied nicht gar so schwierig wird. Eine Art Selbstschutz für die eigene Seele, die natürlich immer noch verwundbar ist, wenn es um die eigenen Kinder geht. Doch man paßt sich vorsorglich an, Elternliebe wird »relativiert«, die dummen Modewörter passen für jede dumme Sache.

Und was bleibt? Unser Leben wird, an einer entscheidenden Stelle, abermals etwas ärmer. Das strahlende Licht ist
gebrochen, die kleinen Prinzen sind entschwunden. Alles ist
durch und durch vernünftig. Vielleicht wurden die Kleinen
bisher überschätzt; nun ist man frischwärts dabei, sie zu
unterschätzen.

Wenn Sie mich fragen: Wir geben etwas auf und bekommen dafür nichts – nicht einmal mehr ein Kinderlächeln.

Loblied auf das Doppelzimmer

Wenn ich so höre, was Männer alles Tolles erleben, sobald sie unterwegs sind, allein auf Dienstreisen, in Geschäften, mit dem kleinen schwarzen Erfolgskoffer; wenn sie in den Nobelhotels absteigen, das Einzelzimmer von der Sekretärin im voraus gebucht (und per Telex bestätigt) – wenn ich das alles so höre, dann fühle ich mich hoffnungslos altmodisch. Denn mir macht das Reisen nur mit meiner Frau Spaß.

Es geht schon mit den Einzelzimmern los. Sie wirken immer so spartanisch. Als ob es nicht ganz gereicht hätte. Blanke Zweckmäßigkeit. Das Stückchen Seife, Werbung. Die Minibar. Man spürt schon beim Eintreten: Hier ist alles auf die pure, schnelle Übernachtung abgestellt.

Ganz anders: das Doppelzimmer! Ich liebe es, die Brause nebenan zu hören, während ich am Radioknopf herumspiele und den Sender suche. Ich finde es herrlich, wenn meine Frau tropfnaß aus dem Bad kommt. Ich freue mich an den Dingen, die urplötzlich überall herumliegen, wenn sie dabei ist: das Kleid für den Abend, das Köfferchen mit Kosmetik, allerlei Krimskrams, das Modejournal, die Bilder von den Kindern, die sie nie vergißt.

Im Einzelzimmer hingegen: grausame Ordnung, Rasierzeug, Zeitungen, Aktentasche, Schlips eins und zwei. Oberhemd – aus. Einzelzimmer sehen schon beim Einzug so aus, als ob man ausziehen wollte.

Aber es geht ja nicht nur um die Ankunft! Mit seiner Frau verreisen heißt mehr: ihr in der Ferne endlich wieder einmal nahekommen. Das ist doch das ganz große Geheimnis, das in diesen Reisen zu zweit liegt: wegfahren, um zueinanderzufinden. Schon dieses Spiel am Morgen, wer zuerst das Frühstück bestellt. Und wenn man inmitten der vielen alleinreisenden Herren, die immer so tolle Sachen erleben, auf seine eigene Frau wartet: Gleich, gleich wird sie kommen mit jener kurzen Verspätung, die Frauen so ziert und Ehefrauen wieder in Frauen verwandelt. Du stehst auf – wann geschah das zuletzt? –, rückst ihr den Stuhl zurecht (etwas ungeübt, aber immerhin), und der Tag liegt da wie ein Weihnachtspaket, das nun langsam aufgeschnürt wird.

Man erobert das Hotel, die Stadt, den ganzen Tag, man erobert von einem Doppelzimmer aus alles viel leichter, besser, schöner, amüsanter.

Es geht schon an der Rezeption los: »Ein Doppelzimmer, bitte . . .« Das klingt nicht nur ganz anders, das ist auch etwas ganz anderes. Die Männer aus den Einzelzimmern – sie tun mir ein bißchen leid. Wenn ich auch manchmal notgedrungen dazugehöre.

III
ES LIEGT WAS
IN DER LUFT!

ES LIEGT WAS IN DER LUFT!

Nun sind endlich die Tage da, die wir in die Hand nehmen und festhalten möchten. Reiben wir uns die wintermüden Augen! Die Sonne ist von ihrer Erholung zurück, wir bleiben plötzlich mitten in der Stadt an einer Häuserwand stehen und blinzeln nach oben – Frühling, Mozart, Kinderlachen, Flirt, knallbunte Reiseprospekte, neue blanke Autos, erste Ostereier in den Schaufenstern, helle Mäntel, offen getragen, Liegestühle auf den Balkonen, Blumen für die Sekretärin (– und vielleicht für die eigene Frau).

Vor allem aber dies: Im Blut so eine Spur von Unruhe, ein seltsam schwebendes Gefühl der leisen Angst, den hellen Tag nicht ganz ausschöpfen zu können – da ist zuviel Fabrik, Haushalt, Büro. Der eine kurze Weg rund um den Häuserblock, das kann doch nicht alles sein!

Wir ertappen uns, daß wir nun sogar am Tage träumen: Plötzlich fällt unser Blick im Vorübergehen auf ein Plakat, das einen endlos weißen Strand verheißt, und ein Meer, von dem wir wissen, daß es uns viele Sorgen nehmen könnte. Und wir würden am liebsten dort sein, wo wir gerade nicht sind – unsere Unruhe war nie so groß.

In diesen Frühlingstagen glauben wir wirklich, das Leben sei ein einziger dicker Warenhauskatalog, aus dem wir uns zu Spottpreisen heraussuchen können, was immer wir gerade brauchen: Liebe, Zufriedenheit, Unruhe oder Ruhe, Freundschaft, Einsamkeit, Lärm, Stille – alles ist machbar, manipulierbar, bezahlbar, unsere Wünsche schlagen aus wie Knospen, der heitere Übermut hat uns ergriffen – Frühling, was willst du mehr?

Aber wenn wir dann nur für einen Augenblick nachdenken

über unser Leben, das plötzlich so frisch geputzt erscheint, so bunt und fröhlich, dann kommen wir ganz schnell dahinter, daß hier etwas Wunderbares geschehen ist: Wir haben aus dem Keller unserer Erschöpfung und unseres Mißvergnügens die Seele hervorgeholt, die schon zu verkümmern drohte.

Und das ist auch schon das ganze Geheimnis. Was uns die Regierenden versprochen haben, ohne es bis heute zustande zu bringen: die vielbeschworene Verbesserung der Lebensqualität – sie ist im Nu da, weil einer, der weiser ist als die Politiker, das Zepter genommen und unsere Herzen angerührt hat . . .

NATÜRLICH KÖNNEN SIE VIELES TUN, NUR . . .

Millionenfach sind sie jetzt unter uns: die Prospekte mit den Verheißungen eines Feriensommers ohne Beispiel. Da sind Palmen und Mädchen, kein Hotel ohne Swimming-pool, kein Pool ohne Bikini, Bahamas und Bulgarien, Monte Carlo und Miami, Travemünde und Tunesien, einmal ganz um die Welt, einmal halb um die Welt, nichts ist unmöglich – bunte Luftballons der Sehnsucht steigen auf, und wir – was machen wir?

Wir blättern in diesen modernen Märchenbüchern für Erwachsene, sitzen in Wohnungen und Neonbüros, träumen von Sonnentagen, die wir wie Perlen auf eine Kette ziehen wollen: Ferien 78 – die schönsten, weitesten, größten Ferien, die es je gab, nicht wahr? Denn alles, wirklich alles, scheint erreichbar.

Vielleicht fällen wir gerade heute die Entscheidung. Und plötzlich fallen alle anderen Ziele aus – nur ein Ort, ein Hotel, ein Zimmer bleibt übrig. Denn wir können immer nur einmal wählen. Je mehr Möglichkeiten, um so schwerer die Entscheidung. Um so größer auch die Befürchtung, das Falsche zu tun. Es bleibt ein Rest von: Hätte ich doch . . .

Das ist so im kleinen, bei den bunten Reisezielen; das spüren wir im großen – bei der temposchnellen Reise durch unser Leben, die für viele schon zu einer unermüdlich ermüdenden Hetzjagd geworden ist. In einer Zeit, die uns vorgaukelt, alles – oder doch fast alles – erreichen zu können, bleibt uns am Ende doch immer nur dies übrig: eines zu tun und alles andere zu lassen. Wir können nur einer Aufgabe, einem Menschen treu bleiben – oder wir können gehen und etwas anderes tun. So einfach scheint alles, und so schwer ist es wirklich.

Für was wir uns auch immer entscheiden, für Zusammenleben oder Trennung, für Hierbleiben oder Wegfahren – eines bringen wir auf jeden Fall mit: uns selber.

Ist es – denken wir zurück – nicht so gewesen, daß das Glück immer nur dann dabei war, wenn wir uns treu geblieben sind? Wenn wir wissen, was wir für unser eigenes Glück wirklich brauchen? Steht ein Deutscher, so sagt man, an einer Wegkreuzung – und ein Schild zeigt in Richtung »glückliches Leben«, und das andere Schild in Richtung »Vortrag über ein glückliches Leben« – der Deutsche wählt gern den zweiten Weg.

Lassen wir uns noch so gerne in Prospekten erzählen, wie bunt die Welt ist, hören wir die schmeichelnden Verführungen der Ferienmacher, aber *gehen* wir im Leben und *fahren* wir in den Ferien doch bitte dorthin, wo wir mit uns selber im Einklang sein werden und mit den Menschen, die wir lieben.

So nobel kann kein Fünf-Sterne-Hotel, so fein kein Sandstrand, so exquisit keine Küche, so perfekt kein Service sein, daß wir nicht ganz schnell spüren: Das alles ist Kulisse, das Stück spielen wir. Vom einfachen Leben will heute keiner was hören, da wir die Chance des vielfachen Lebens haben. Aber wenn wir ehrlich sind, besitzen wir doch eigentlich nur die Kraft zu dem uns gemäßen Leben.

Heute ist Sonntag, heute läßt sich gut darüber nachdenken.

EIN BISSCHEN BLAU ÜBER DEM BLECH

Autobahnen in diesen Tagen sind mehr als nur Straßen, Verbindungsstücke zwischen Wunsch und Wirklichkeit – Autobahnen in diesen Tagen sind Spiegel unserer Existenz. Während wir in irgendeinem Stau drinhängen, gefangen wie Tiere, umgeben von Blech und Qualm, dürfen die Gedanken, die bekanntlich frei sind, durchs Schiebedach hinaufsteigen in einen Himmel, der wenigstens noch so aussieht, als sei er von allem hier unten völlig unberührt.

Wir denken: Nun sind wir also doch wieder am ersten Ferientag gestartet – etwas früher als »die anderen«: Wir haben die Kinder aus dem Schlaf gerissen, den Wagen schon am Vorabend gepackt. Wir haben alles »kriegsmäßig« vorbereitet, denn wir wußten ja: Es geht nun in »die Schlacht« auf unseren Straßen. Wir wissen auch aus den Vorjahren, daß es immer besonders viele Tote gibt, von den Verwundeten spricht sowieso schon keiner mehr. Und wir taten diesen ganzen Irrsinn trotzdem, weil wir – es klingt verblüffend – unverbesserliche Egoisten sind. Denn wir glaubten, es würden immer die anderen sein, die Rücksicht nehmen, die nicht fahren, die einen oder zwei Ferientage herschenken – aber dann, beim Einbiegen in die Autobahn, schon beim ersten Einfädeln, spüren wir: »Die anderen« sind nicht anders als wir selber!

Und wir denken – während sich nun ein Stau von zwanzig Kilometern »aufgebaut« hat (merkwürdig, unsere neue Fähigkeit, negative Dinge mit positiven Wörtern zu belegen) – über die Frage nach, ob man nicht nur noch ein »antizyklisches Leben« führen sollte: in den sommerlich leeren Städten zu sein, wenn alle anderen sich am Strand drängen, in irgendeinem City-Hochhaus zu wohnen, wenn alles in die grünen Vororte drängt, die Sommerfrische zu suchen statt den »Teutonengrill« – kurzum: den Predigern der Gleichheit zu entkommen und das bißchen Leben selbst zu gestalten. Wenn alle Auto fahren, fährt keiner mehr.

Wir denken, während wir an den ersten liegengebliebenen Autowracks vorbeischleichen und die ersten Rettungswagen sehen, deren Blaulicht uns für einige Sekunden die Zerbrechlichkeit aller menschlichen Pläne in Erinnerung ruft: Hoffentlich erreichen wir selber wenigstens heil unser Ziel. Da kommt, nach den Verkehrsdurchsagen, ein Notruf: Der Fahrer mit dem Kennzeichen XYZ möchte bitte sofort zu Hause anrufen ... Unsere Phantasie kreist plötzlich um einen Mann, den wir nicht kennen, an dessen Schicksal wir aber teilhaben: Welch dramatischer Grund fordert seine schnelle Heimkehr?

Wir denken, während wir auf der rechten Spur an der linken Spur vorbeiziehen, weil die Ampel der Baustelle es so will, daß wir den blauen Lieferwagen, den wir uns gemerkt hatten, als er vor einer Dreiviertelstunde so hochmütig an uns vorbeizog, nun doch wieder eingeholt haben: Es gibt eben keinen Zeitgewinn, wenn alle zugleich hinter der Zeit her sind!

Wir sehen in die Gesichter ringsum: lachende Kinder, weinende Frauen, müde Alte, übermüdete Fahrer, Männer mit dem glasigen Durchhalteblick. Es gibt keine Gespräche: Jeder ist in seiner Stahlkiste für sich allein. Auch hier: die Autobahn als Spiegel unserer Existenz. Auf ihr ist alles zu finden, was unser Leben so schwierig macht: der Egoismus; die falsche Vermutung, die anderen werden anders sein; der Irrglaube, wer größer sei, der sei auch schneller, und wer schneller sei, komme auch früher an; die Einsamkeit, das

Nichtgespräch, der Notruf, die Schwierigkeit zu helfen. Ja, auf der Autobahn ist es wie sonst auch: Keiner kennt keinen, aber alle sind voneinander abhängig.

Vergessen sind die Städte, all die Probleme, die Enge des Tages. Die Welt der schönen Bilder tut sich auf vor uns – Meer, Himmel, Weite, Berge. Ein Kruzifix am Wege – kein Gebet vielleicht, aber doch ein schneller Gedanke, buchstäblich im Vorübergehen: Woher kommen wir, wohin gehen wir, wer lenkt unsere Schritte, was denkt der Mensch, mit dem wir gehen und den wir lieben, in der geheimen Kammer seiner Seele?

Wir müssen uns eingestehen: Wir wissen es nicht. Und so reden wir. Erst über Hypotheken, Schulzeugnisse, Karriere, Politik, Intrigen, Abwehr von Intrigen. Aber dann, fast unmerklich, sind unsere Gespräche plötzlich nicht mehr an der Oberfläche. Mit unseren Worten suchen wir nun einander – und uns selber.

Viele scheuen insgeheim diese Feriengespräche, aus denen es sich nur schwer ausbrechen läßt: weil es nun so viel Zeit gibt – und so wenige Entschuldigungen, nicht die Wahrheit zu suchen in der Gemeinsamkeit. Natürlich können wir mal eine Nacht durchfeiern, »ein Faß aufreißen« – aber wir können uns deshalb doch nicht an dieser Zwiesprache vorbeimogeln.

Es sind vor allem die Frauen, die endlich einmal wieder hören möchten – und sollten! –, was sie im Leben ihrer Männer wirklich bedeuten. Denn die Dialoge zwischen Mann und Frau in all den Alltagstagen sind oft kraftlos, umstellt von Sorgen, auf Vordergründiges gerichtet.

Aber nun, in diesen Sonnentagen, die uns gehören und niemandem sonst – da könnten wir schon einmal ganz deutlich sagen, wie uns wirklich ums Herz ist. Aber tun wir es? Und wenn wir es nicht tun – warum eigentlich nicht?

Leere Gesichter über vollen Brieftaschen

Ein paar Tage in einem Luxushotel. Sechs Sterne im Prospekt. Komfort wie im Breitwandfilm. Die Küste ist ein goldener Sandteppich, die Landschaft ein wilder Garten, das Meer von unglaublicher Schönheit. Nur ... nur die Menschen ...

Nein, diese gelangweilten Gesichter! Dieses dauernde »den Kopf in die Sonne recken«. Dieses einförmige Gerede über Essen und Trinken – und sonst fast gar nichts. Die Weinkarte hat man einmal rauf und runter getrunken. Die Vier-Gänge-Menüs? »Also hören Sie, das hat man doch schon mal besser gehabt.« War es in Marbella oder Nizza oder in Mallorca?

Die Reichen und die Schönen und die Verwöhnten haben so ihre eigenen Probleme. Der Bademeister im Swimmingpool hat eine zu große Trinkgeldhand. Das Zimmermädchen vergaß die Badewanne. Und Kaffee können sie alle sowieso nicht kochen. Ich traute meinen Ohren nicht bei diesem Katalog läppischer Sünden.

Da standen sie nun in ihrem »Luxus-Schuppen« und schimpften. Sie schimpften ganz ohne Grund, ein Opfer ihrer eigenen Maßlosigkeit und Langeweile. Sie taten mir zutiefst leid. Selten sah ich so leere Gesichter über so gefüllten Brieftaschen. Da war ein Stück vom (Touristen-)Paradies, ein blauer Zipfel des Glücks, eine kleine Bühne für etwas Spaß und Genuß, aber es war ihnen alles nicht genug. Die Antennen für die schönen Dinge sind bei zu vielen Menschen gestört.

Die Unzufriedenheit ist eine der großen Krankheiten dieser Zeit. Sie hat sich längst auch schon auf der Sonnenseite des Lebens eingenistet. Man möchte hingehen und die Menschen packen, hin und her schütteln, sie erinnern an all die Leiden und Entbehrungen der Vergangenheit, an den steinigen Weg seit 1945 in dieses seidenweiche Ferienglück – damit sie sich besinnen.

Der böse Bruder der Unzufriedenheit ist die Undankbarkeit. Und wo diese Zwillinge auftauchen, ist der liebe Gott mit Sonne, Meer und Palmen – ist der Mensch mit Langustencocktail, Klimaanlage, Continental-Breakfast und allerlei anderem Komfort-Schnickschnack machtlos. Das ist bei den ganz Reichen so – und bei den weniger Reichen häufig leider auch.

Wir müssen die Freude wieder lernen.

DER CHEF WAR NICHT MEHR DA

Gleich würde ich dort sein, der Chef wird mich »wie immer« fragen, ob ich wieder das Zimmer ganz oben links haben möchte, ja, das Zimmer mit Meerblick und dem Balkon um die Ecke. Ich freute mich schon auf den Augenblick, an dem sich die Erinnerung an viele Sommer in eine heitere Gegenwart verwandelte – da blieb ich plötzlich erschrocken stehen: Das Hotel hatte geschlossen, die Möbelwagen standen vor der Tür, das Mobiliar wurde abgeholt, die Gardinen waren schon von den Fenstern, die Appartements ohne Leben.

Der alte Portier, der noch im Garten herumlief, sagte mir, der Chef habe aufgehört. Wissen Sie, die Personalsorgen ... Von Jahr zu Jahr sei es schwieriger und unerfreulicher geworden: Vom Verdienen wurde geredet, nicht mehr vom Dienen. Immer mehr Ärger mit den Behörden. Und dann, er blinzelte mich an, als ob ich kein Gast sei, sondern ein Eingeweihter – »die Gäste sind auch nicht mehr, was sie früher mal waren«. Nur so dahingesagt, nichts Genaueres, soll ich mir doch denken, was ich will.

Ob das Haus unter »neuer Leitung« eines Tages wieder eröffnet würde, fragte ich, um im selben Augenblick zu spüren, daß diese Frage sinnlos war: Ich suchte ja die Vergangenheit in diesem Hotel, die fünfziger Jahre, die sechziger, die Erinnerungen an meine Kinder, die hier durch die Halle tobten; an die Zeit, als ich im kleineren Auto als heute vorfuhr – mit weniger Gepäck, und das nicht nur bei den Koffern.

Wie unheimlich leer so ein großes Haus plötzlich geworden ist, wenn ein Mann aufhört, müde wird, enttäuscht von dannen zieht. Das Ferienparadies: ein Betonsilo. Das Lachen der Gäste: verweht, vorbei. Der Parkplatz vor dem Haus: verwildert schon nach Wochen. Die Speisekarte des letzten königlichen Menüs: hinter Glas vergilbt.

Vielleicht kommt alles einmal wieder, unter »neuer Leitung«. Aber dann wird es ein Management sein, Computer, Bettenumschlag pro Besucher pro Nacht, stromlinienförmig, kühl, kein Händedruck mehr für ankommende Besucher, nichts Persönliches.

Das Hotel mit dem alten Chef ist dahin. Und die Erinnerungen an ein paar Ferienträume haben keine Heimstatt mehr. Als ich davonfuhr, dachte ich: Es ist der Mensch, der all den Dingen eine Seele gibt.

Und dann kam jener Morgen, an dem sie nicht mehr da waren. An dem Fremde neben uns am Strand lagen. Das Ehepaar, das all die Tage – anfangs durch Zufall, später durch Gewohnheit – unseren Platz am Meer teilte, war ganz offensichtlich abgereist. Zwar hatten die beiden am Tage zuvor das abendliche Bad über Gebühr ausgedehnt, wie man es tut, wenn es ans Abschiednehmen geht, aber ich hatte mir nichts dabei gedacht. Auch daß die beiden Hand in Hand ins Hotel zurückgingen, mit leicht gesenktem Kopf, und auf dem Wege noch ein paarmal stehenblieben und zurückschauten, als wollten sie das Bild von Meer und Felsen und Himmel gleichsam mit dem inneren Auge festhalten, um es jederzeit in ihre Erinnerung zurückholen zu können, wußte ich erst jetzt zu deuten: Es war ihr letzter Ferienabend gewesen.

Nun gibt es, genau besehen, keinen Grund zur Betrübnis, denn ich hatte mit den beiden kaum gesprochen, vor allem nichts Wesentliches. Es gab nur die üblichen Belanglosigkeiten. Das Wetter. Die Frage nach der Sauberkeit des Wassers. Wo es weit und breit noch gute Hotels gibt. Wie lange Post aus Deutschland dauert. Ob es sich lohnt, einen Wagen zu leihen. Aber es stellte sich doch, bei diesem Austausch von Beobachtungen und Meinungen, eine seltsame Vertraulichkeit ein. Ohne daß wir Genaueres einander sagten, waren wir in der Beurteilung der unterschiedlichsten Dinge – der großen Politik, der Küche des Hotels, der Gäste rundum – einer Meinung. Und so blieb es nicht aus, daß die Begrüßung von Morgen zu Morgen herzlicher wurde.

Und nun also plötzlich diese Leere. Abgereist! Schon lagen neue Menschen neben uns, blaß, großstadtmüde, nervös. Vor allem aber: unheimlich fremd. Neue Menschen in Zugabteilen, Hotels, Strandburgen sind immer unheimlich fremd. Ich mußte an die beiden denken, die nun wahrscheinlich schon auf dem Weg zum Flughafen waren, und ich wußte nicht einmal, wohin sie fliegen würden. In all den Tagen hatte es kaum Hinweise gegeben, die Rückschlüsse zulassen. Vielleicht war der Mann Arzt von Beruf, denn er sprach einmal von seiner Praxis; vielleicht hatten sie ein Kind, denn die Frau erwähnte einmal Sorgen mit der Schule – es ist nicht viel, was das Bild der Erinnerung erhellt.

Und doch gab es da dieses Gefühl: Man müßte sich wiedersehen. Das Gespräch, zaghaft geknüpft, dürfte nicht abreißen. Man hatte zusammen gelacht, wo gibt es das denn heute! Es war eine sanfte Unverbindlichkeit, die sich in dem Bemühen traf, einander zu schonen, Lärm zu vermeiden, die Sonnentage zu genießen. Keiner hatte versucht, irgend etwas herauszufinden, den anderen zu überzeugen, zu beeinflussen. Warum aber gab es dann keinen Austausch von Adressen, kein »Wir-müssen-uns-mal-Wiedersehen«? Wohl deshalb, weil wir alle längst gelernt haben, in dieser schwebenden Unverbindlichkeit zu leben.

Anders als unsere Eltern, unsere Großeltern gar, sind wir entwurzelte Kinder: Wir wechseln die Wohnungen, Arbeitsplätze und Urlaubsziele mit atemloser Geschwindigkeit. Es treten mehr Menschen in unser Leben, als wir verkraften können. Wir haben so viele Möglichkeiten wie nie zuvor, und es sind doch nur ein paar Menschen, denen wir wirklich etwas sein können.

Und so gibt es immer wieder diesen Augenblick, da neben uns plötzlich ein Platz leer geworden ist, ein Gespräch nicht weitergeht, außer Erinnerung nichts bleibt ...

ES WIRD SCHON EINER KOMMEN UND HELFEN

Als die Wälder loderten, als die Hitze in den Himmel stieg, als es die ersten Toten gab – Feuerwehrleute aus Niedersachsen –, da kletterten ein paar Männer in ihre Segelflugzeuge, um »den Aufwind zu nutzen«, der sich durch die Hitze bildete – und sie flogen über das Inferno hinweg. Sie mußten sich nicht unter die Neugierigen auf der Erde drängen, die den Hilfstruppen im Wege standen – in der Luft waren sie selber den Rettungshubschraubern im Wege.

Was ist, so fragt man sich, in uns Menschen für ein Geist eingezogen, nachdem zu viele von uns von allen guten Geistern verlassen scheinen? Was sind das beispielsweise für Menschen, die an der Ostseeküste bei Scharbeutz jene Rettungsschwimmer höhnisch beschimpfen, die vor der gefährlichen Unterströmung warnten – sieben Tote hat es in dieser Saison immerhin schon gegeben! Schlimmer noch: die sogar dann noch ins Wasser stiegen, als direkt neben ihnen Ertrunkene geborgen wurden. »Wir konnten die Unvernünftigen nur mahnen«, berichtete ein junger Mann – die Wut über die Ohnmacht war zu spüren. Zwar wollen die Behörden nun eine Verordnung durchsetzen, die Verstöße gegen das strikte Badeverbot »mit drakonischen Strafen« belegt – »Wir werden wirklich nur die Unbelehrbaren zur Kasse bitten« –, aber die Frage muß erlaubt sein, ob man damit in das Zentrum des Problems vorstößt.

Genauer: Ob man damit die Rücksichtslosigkeit bremsen kann, die darin besteht, das Leben anderer Menschen aufs Spiel zu setzen, weil man sein eigenes Leben – aus Leichtsinn, aus Hochmut oder Übermut, aus welchen Gründen immer – in Gefahr bringt. Nach der Devise: Ich steige in die Felsen, geht's schief – ein Hubschrauber wird schon kommen; ich stürze mich in des Meeres und des Leichtsinns Wellen – irgendeiner wird mir schon notfalls nachschwimmen. Widersprüchlich wie so vieles ist auch dies: Die Menschen beklagen allüberall, daß es immer weniger Füreinanderdasein gibt – aber sie erproben gleichzeitig den Mangel. Sie verspotten die Helfer, sie steigen ins Meer – Kinder der Maßlosigkeit. In ihrem Dasein, das schon gestrandet ist, noch ehe sie den Strand betreten haben, spiegelt sich die gefährliche Mischung unserer Zeit wider: Hybris und Dummheit – und keine Spur von Demut.

Wenn es sich nur um »ein paar Verrückte« in Ferienlaune handeln würde, nun ja. Aber hinter ihnen sind Legionen, die im Alltag so denken und handeln: Wenn ich nur meinen Spaß, meinen Nervenkitzel, meine Sensation, mein Ich-weiß-nicht-Was habe – sollen dann doch die anderen die lästigen Pflichten erfüllen, den schwierigen moralischen Kategorien folgen, so altmodische Dinge wie Vernunft und Hilfsbereitschaft praktizieren. Wir, die »Lebenskünstler«, die Genießer, tummeln uns derweil im Aufwind des Feuers, gehen bedenkenlos in die Fluten ...

... bis eines Tages die Erkenntnis kommen könnte, daß es mit einer »drakonischen Geldstrafe« der Behörden nicht getan ist. Und dann das Grausame, das Unvorstellbare geschieht: daß kein Mensch am Ufer sich mehr rührt, wenn draußen irgendwo einer um Hilfe ruft.

EINE KETTE SCHÖNER TAGE

Natürlich wußte man, daß er kommen würde, aber man hat nicht daran gedacht. Man hat den Gedanken immer wieder verdrängt. Aber nun ist er plötzlich da: der letzte Ferientag. Der Tag des Abschieds. Jetzt heißt es: Koffer packen, Zimmer räumen (bis 12 Uhr mittags), Hände schütteln, ein verstohlenes Trinkgeld an den kleinen schmalen Ober, der so tüchtig gewesen ist. Ein Blick auf die »Nachfolger« werfen, die gleich in das Zimmer einziehen werden, in dem man so glücklich war. Eine Spur Neid ist plötzlich da. Der letzte Ferientag und der erste Ferientag begegnen sich, ungleiche Brüder.

Und dann sitzt man im Auto, ein letztes schnelles Winken, ein paar Kurven, der Ferienort liegt schon sechs, acht Kilometer zurück, die Tachonadel steigt auf hundert Stundenkilometer, eben hat man die gefährliche Kreuzung überfahren, bei der es auf dem Hinweg beinahe gekracht hätte – wie nervös ist man damals gewesen! Und nun geht es glatt nach Hause. Nicht der erste Ferientag ist der schönste – heute, da so vieles schieflaufen kann –, der letzte Ferientag ist der schönste!

Am Beginn, da ist noch alles unsicher. Wie wird das Hotel sein? Liegt das Zimmer am Fahrstuhl? Kannst du nachts schlafen, oder ist der Parkplatz mit knallenden Wagentüren vor dem Haus? Das Meer – ist es so sauber und blau? Die Liebe, von der so viel Verheißungsvolles unter dem Stichwort Urlaub notiert wird, muß sich zu ungeahnten Höhen aufschwingen – wird ihr das gelingen? Die Zimmermädchen werden ehrlich sein, man hat ja so ein paar wertvolle Sachen herumliegen. Wenn man plötzlich einen Arzt braucht, er wird ja aufzutreiben sein. Und von zu Hause werden keine

Nachrichten kommen, die den Ferientraum zerplatzen lassen. Und die Sonne wird unermüdlich scheinen, das ist doch »inklusive«.

Es wird alles sommersonnenwarm und schön sein, die zwei, drei Wochen, aber insgeheim wissen wir natürlich, daß es auch alles nicht so sein könnte. Daß irgend etwas dazwischenkommt. Etwas, woran wir am ersten Ferientag nicht denken mögen, wenn wir auspacken.

Der erste Ferientag, der vielgelobte, sagt: Seht her, mit mir beginnt die schönste Zeit des Jahres. Alles habt ihr noch vor euch, eine Kette schöner Tage, Nichtstun, Liebe, Zärtlichkeit. Der letzte Ferientag – der von vielen so gefürchtete – aber antwortet: Ich alleine kann sagen, ob die Zeit schön gewesen ist. Ob das Amüsement reichte. Ob die Liebe kam. Ob die Welt der schönen Bilder sich einstellte. Ob es alles ohne Ärger und Störungen abging. Der wahre Ferienkünstler weiß den letzten Ferientag zu schätzen.

WER BACKT DANN DIE BRÖTCHEN?

Wie schnell alles vergeht, ein Blick aus dem Kabinenfenster, die Sonne versinkt im Mittelmeer, wirklich so rot wie im Reiseprospekt – dann die Landung nachts, der Bus heim, der schnelle Schlaf, und dann wieder am nächsten Morgen: die langen Gänge im Büro, über die sie die Akten trägt – und nun auch noch ein paar verwirrte Gedanken.

Denn sie hat plötzlich Angst, am Leben vorbeizuleben. Sie ist erst 23, Sekretärin, der Aufstieg im Glaspalast schon fast geschafft – und doch: Wie schnell zerbrechen die Tage zwischen 8.30 Uhr und 17 Uhr, werden zerhackt von Terminen und Telefonaten.

Natürlich hatte sie längst ihren Freund angerufen, er ist älter und weiser – sie wollte Tröstliches hören, was hatte er zu sagen? Sie hörte so ein paar Redensarten: Das Leben sei kein Traum und schon gar nicht ein Dauerurlaub – »saure Wochen, frohe Feste«, das sei erprobt, Altmeister Goethe wußte es schon, an dieser Wahrheit habe sich nichts geändert – dabei fuhr der Dichterfürst mit der Kutsche gen Süden, nicht wie sie mit Jet, nicht per Charter, nicht für 411 Mark für zwei lange Wochen. Ihr Freund hatte es erfreulicherweise auch schon gar nicht mehr gewagt, die alte Platte von Verantwortung und Füreinanderdasein aufzulegen, das stecke ja alles schon sowieso im Reißwolf der moralischen Inflation.

Aber die Vision ist schon gespenstisch: Sollte alles so weitergehen, wird bald ein gigantisches Heer von Freizeitmenschen in die Freizeitzentren einmarschieren und vergebens Ausschau halten nach denen, die dann noch – dumm genug? – zur so vielgeschmähten Leistungsgesellschaft gehören. Denn irgend jemand muß doch die Brötchen backen,

Zimmer säubern, das Essen kochen, Zeitungen drucken und
die Züge nachts über die Schienen jagen.

Die Sekretärin ist verwirrt. Sie fragt sich, ob ihr Freund
wirklich recht hat, der sagt: Eines Tages kippt's um, dann
gibt's einen Knall, und dann geht's wieder ganz spartanisch
von vorne los. Dabei schaut sie in den grauen deutschen
Himmel und weiß nur eines ganz genau: Ihre beneidenswerte
Bräune, die ist hier auf keinen Fall zu halten. Sie wird in zwei
Monaten noch mal runterfliegen, »zum Nachtanken«. Mal
sehen, wie lange es gutgeht . . .

ICH HÄTTE GERN WAS MITGEBRACHT

Die Motoren summen präzise – in drei Stunden werden wir in München landen. Die Stewardeß bringt die ersten Zeitungen aus Europa, sie lächelt, wo es nichts zu lachen gibt, die Schlagzeilen sind wie Messerstiche, all die erdrückenden Unglaublichkeiten muß man dennoch glauben, vielleicht haben wir deshalb nur noch so wenig Kraft für echten Glauben, wer weiß . . .

Neue Todesserie in Belfast, der Irrsinn geht also weiter. Ritualmord in Paris: Welches Gehirn hat Schrecklicheres erdacht? Ein Mächtiger aus Moskau kommt nach Bonn: 26 000 Mann müssen diesen einen Mann bewachen, billiger ist Sicherheit heute nicht zu haben. Die Inflation bleibt nicht mehr auf Währungen beschränkt. Haß, Gewalt und Bedrohung, alles wird heute fleißig inflationiert.

Ich lehne mich im Sessel zurück. Die gute alte Erde da unten, vom Herrgott doch eigentlich ganz gut ausgedacht, 10 000 Meter tief, sonnenüberglänzt, unschuldig – sieht sie nicht plötzlich seltsam krank aus? Wo hat sich dort das Glück versteckt, wo verweilt der Friede? Vielleicht auf der kleinen, von Wellen umspülten Insel dort unten, vielleicht . . .

Die paar Ferientage sind nun auch schon wieder Vergangenheit. Und die paar Seiten Nachdenkliches aus einem guten Buch sind fast vergessen. Die paar Gespräche, die kein Alltag abschnürte, sondern in die Tiefe gingen und das Herz berührten – sie klingen noch nach, aber wie lange noch?

Warum bleibt man nicht einfach dort, wo die Menschen so heiter waren? Vielleicht deshalb, weil das Einfache heute so schwierig geworden ist. Und weil man immer alles haben will: vom Komfort die Sicherheit, aber nicht den Streß; von der Sonne des Südens die Bräune, aber nicht die Hitze; vom einfachen Leben die Unbeschwertheit, aber nicht die Unsicherheit des kommenden Tages.

Unsere Stewardeß lächelt noch immer. Ich höre zufällig, daß sie am selben Abend noch in New York sein wird. Ein Kind dieser Zeit. Sie wird lernen, was wir alle lernen: daß wir für unser immer schnelleres Leben bezahlen müssen. Zur Muße braucht man vor allem Zeit, aber Muße ist altmodisch, nicht effektiv, höchstens als Souvenir eines Ferienaugenblicks zu haben, kaum festzuhalten, schon gar nicht zu verschenken. Dabei hätte ich Ihnen so gerne etwas mitgebracht.

Allein unser Herzschlag ist die Welt

Nach Hause kommen, die Tür öffnen, seine Wohnung für
einen Augenblick wie mit fremden Augen sehen, die Koffer
abstellen, ein schneller Blick in den Flurspiegel: Ja, man hat
die Falten im Gesicht wirklich verloren, sie müssen irgendwo
auf Mallorca geblieben sein. Die Treppe fiel so leicht, alles ist
so federnd, die Batterie ist aufgeladen, Ferienbräune im
Gesicht, morgen werden es alle im Büro sehen können – und
was hat man sich nicht alles vorgenommen!

Natürlich, ein paar Atemübungen morgens, sofort nach
dem Aufstehen – und ein Weg um den Block abends, nach
dem Krimi und vor dem nun schwerelosen Schlaf. Freunde
einladen, die schon lange warten. Mehr Zeit für die Kinder
haben und mit dem Menschen an seiner Seite lange Gespräche
führen, um dem Sinn des eigenen Lebens nachzuforschen, so,
wie es auf dem Ferienbalkon gewesen ist.

Und vor allem: Mit den Kräften noch etwas geizen. Ein
Hauch von Angst ist da vor jener Ermattung, die man in sich
spürte, vor zwei, drei Wochen noch, als es der Sonne
entgegenging: blaß, ausgepumpt, mit den Nerven fertig.

Es sind nicht die langen Winterwochen, von denen die
Bücher unserer Großeltern so viel Rühmliches zu berichten
wußten – es sind die hellen Sommertage, die uns in Wahrheit
nachdenklich stimmen, die uns in die Ruhe und in das
Zentrum allen Geschehens hineintragen: Unser eigener
Herzschlag allein ist die Welt.

Nun packen wir die Koffer aus. Eine einzelne Muschel
zwischen den Bademänteln, Seesand. Erinnerung schon dies
alles. Ein Schritt ans Fenster: Draußen ein Himmel, der nie so
blau sein wird, wie wir ihn gestern noch gesehen. Die vielen

Autos! Die schnellen Schritte – wohin treibt es all diese Menschen bloß?

Keine Sorge: In ein paar Tagen sind wir wieder mittendrin. Der Wogengang des Lebens will es so. Ebbe und Flut. Finsternis und Mond. Sonne und Regen. Wärme und Kälte. Die Natur, diese große Künstlerin, macht es uns vor: Das Schönste an der »Ferien«-Ruhe ist die Unruhe davor und danach.

ZURÜCK NACH CASTROP-RAUXEL

Habt Mitleid mit uns, kommt uns zart entgegen, wir brauchen noch Schonung, unsere Bräune täuscht, der herausfordernde Glanz in unseren Augen verrät nichts von unserer jäh verwundeten Seele, wir haben noch den Wellenschlag des Meeres im Ohr, haben – gestern noch! – gefeiert, gelacht, getanzt, der Augusthimmel gehörte uns allein; aber nun sind die Tage voller Leichtigkeit verflogen, und ihr habt uns wieder, wir sind mitten unter euch: wir, die Ferienheimkehrer. Erbarmen, Erbarmen!

Denn dieser schnelle Szenenwechsel ist härter, als ihn unsere Eltern und Großeltern jemals hatten, die »nur« von der Sommerfrische heimkehrten. Gestern noch an der gleißenden Algarve-Küste, am Bikini-Strand von Tel Aviv, in der Meeresbrandung von Jütland, im Hexenkessel des süßen Lebens von Torremolinos; inmitten der unverschämten sexuellen Direktheit all der verwirrenden Bilder – das Leben in Color, Breitwand, Super und alles Hi-Fi und Stereo – und nun, schwupp, nur noch Castrop-Rauxel, Salzgitter, Buxtehude, das will verkraftet sein! Wir modernen Menschen zahlen wirklich für alles und für jedes. Unsere Seele krankt an den Geschwindigkeiten der Jets. Wir sind zwar wieder zu Hause, aber unsere Träume schweben noch irgendwo weit in der Ferne herum.

Natürlich wissen wir aus schmerzlicher Erfahrung, wie schnell die Nerven wieder zu flattern beginnen, wie eilig wir den Olymp des Wohlgefühls verlassen, um uns mit den Strapazen des Alltags wieder anzufreunden – aber eins wird uns ganz besonders zu schaffen machen: die Erkenntnis, was wir in einen einzigen Tag an Sonne, Zärtlichkeit, guten

Gesprächen und Leichtigkeit hineinzugeben vermögen. Und wir wissen um die Wehmut, diese Fähigkeit nicht in das »normale Leben« hinüberretten zu können.

Es ist eine gereizte Spannung in den Begegnungen zwischen jenen, die Ferien hinter sich – und jenen, die die Ferien noch vor sich haben. Es zeigt sich dabei, wie gefährlich wir zu Extremen neigen: Entweder sind wir total erschöpft, zur Erholung buchstäblich reif – oder wir können vor Kraft kaum laufen, sind aufgepumpt, nicht mehr braun, sondern wirklich braun-braun, wie es die Reklame verspricht.

Denn wir haben einen Ferienkult entwickelt, grotesk oft wie Bodybuilding, gejagt von der Angst, in diesen Wochen nicht zum vollen Genuß zu kommen. Ein leicht beschädigter Urlaub – und mancher glaubt wirklich, das ganze Jahr sei sinnlos geworden.

Und all die Gedanken: Man sollte ein winziges Häuschen auf den Klippen von Mallorca haben, den Zivilisationsballast abschütteln, um endlich in der Senkrechtsonne des Mittelmeeres aufzusteigen in ein neues, besseres, helleres, sinnvolleres Leben – diese Gedanken sind erlaubt – und verständlich.

Nur: schauen Sie in die Gesichter der Ewig-Glücklichen, der Nackten und Schönen, der Nichtstuer, der Gelangweilten, der Partymiezen und Playboys; schauen Sie genau hin, wie sie die Puppen immer aufs neue tanzen lassen, um nur eines auf keinen Fall erleben zu müssen: zur Ruhe zu kommen und gar noch auf sich selber zu treffen.

Die Erkenntnis eines Feriensommers aus dem Bilderbuch des Lebens: Der Mensch braucht den Wechsel in der Beständigkeit, nicht die Beständigkeit im Wechsel. Achten wir auf die richtige Währung des Lebens. Die Inflation der Illusionen hätte uns gerade noch gefehlt.

NACHRICHT VON MEINEM ERSTEN CHEF

Der Brief kam vor ein paar Tagen, er traf mich unvorbereitet, er enthielt einen Zeitungsausschnitt. Mein Freund schrieb dazu, ich sollte »trotz der vielen Arbeit ein paar Minuten innehalten« – die Nachricht meldete den Tod meines ersten Chefs.

Ich hatte meinen ersten Chef aus den Augen verloren. Er wohnte in einer anderen Stadt. Er war längst nicht mehr im Amt. Es hatte noch ein paar Grüße gegeben, meist zu Weihnachten, dann blieb auch das aus. Wer begonnen hatte, nicht mehr zu schreiben – ich weiß es nicht.

Aber die Bilder aus jenen Tagen habe ich noch vor mir: 1946/47. Hunger. 100 Gramm Butter in der Woche. Schuhe auf Bezugschein. Wer ins Theater ging, mußte Briketts mitbringen – zwei Stück mindestens. Schwarzmarkt. Chesterfield – das Stück für acht Mark. Nur Hoffnungen gab es gratis.

Und zwischen Trümmern und Not: dieser Mann, unermüdlich zwischen Konferenzen, Bürgerschaft, Zonenbeirat, alliierten Behörden. Aufbau, Kampf Millimeter um Millimeter – gegen Krankheit, Entkräftung, Demontagen.

Sein Zimmer war zufällig etwas wärmer als meines: Wenn ich fror, dehnte ich das Gespräch, um mich etwas durchzuwärmen. Und wenn er mir sein Auto lieh, war ich König.

Als ich ihn dann verließ, »um weiterzukommen«, hatte ich ein verdammt schlechtes Gewissen, ließ ihn in einem Berg voller Sorgen zurück. Ich weiß noch, wie ich mich fühlte, als ich sein Zimmer betrat, er zuckte auch kurz zusammen, aber dann war es doch nur halb so schlimm: Er sei ja auch einmal jung gewesen – und ein Wechsel . . .

Immer, wenn ich später in die kleine Stadt kam, trieb mich ein seltsames Gefühl, ihn zu besuchen. Heute weiß ich: es war Dankbarkeit. So eine Sache ohne Mitbestimmung, so etwas ganz Überholtes. Und ich traf ihn wie in alten Hungerszeiten; vierzehn Stunden täglich am Schreibtisch, und doch hatte er immer Zeit für ein Gespräch. Ja, so ist das in jenen Jahren gewesen, als er »ganz oben« und ich »unten« den Weg aus den Trümmern suchten.

Nun also, 25 Jahre später, diese Nachricht. Ein Stück Zeitungspapier. Und fast an der gleichen Stelle liest man, daß Männer, die etwas unternommen haben, so wie mein erster Chef, heute »Raubtiere« genannt werden – von Heinrich Böll, dem Dichter.

IV
DIE SONNE BRINGT
ES AN DEN TAG

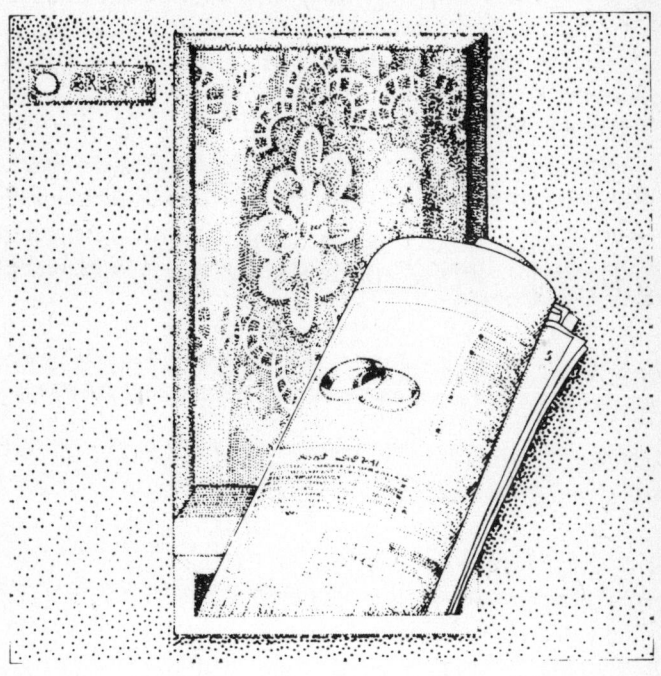

Die Sonne bringt es an den Tag

Nun ist die ganz große Hitze über uns gekommen, mit der Urgewalt der Natur, die uns immer noch Respekt einflößt, ein Paukenschlag, unüberhörbar, ein Tusch: Der Sommer ist da, im Minirock, frech und heiß, und er lehrt uns Menschen, was wir sonst so schwer begreifen – daß wir doch allesamt nur Menschen sind.

Denn bei dem ganz großen Durst, der uns alle verbindet, schmilzt so vieles dahin, was uns insgeheim im Alltag stört; der Hochmut, die oft zu kühle Distanz zum Nachbarn, die unerträglich mühsame Genauigkeit, die das Leben in unseren Breitengraden so schwermacht, weil uns die südliche Leichtigkeit fehlt.

Vor allem aber stellen sich Liebe und Nächstenliebe, diese so oft vergessenen Zwillinge, ganz prompt wieder ein, denn wir haben bei der Hitze natürlich nicht nur unsere Hemdkragen geöffnet, sondern ein bißchen auch die Herzen.

Erstaunlich, was uns da für »menschliche Erleichterungen« gelingen: Die Sekretärin beispielsweise darf plötzlich früher nach Hause gehen, denn der Chef, sonst so unerbittlich, hat entdeckt, daß sie etwas zu blaß um die Nase herum aussah – das schwüle Wetter, der Kreislauf, man liest da so viel, und die Sirenen der Krankenwagen sind auch nicht zu überhören.

Und schon holt die Sonne zum zweiten Schlag aus: Sie zaubert unsere Städte leer. Wie in einem Hitchcock-Thriller legt sich die Einsamkeit über die soeben noch lauten Boulevards. Die Fenster sind geschlossen, die Jalousien heruntergelassen, die Häuser sehen müde aus. Und nur ein paar Touristen irren durch die Straßen – und natürlich all jene, die nicht verreisen konnten, die kein Haus im Grünen haben, die arbeiten müssen. Aber sie, die nicht nach Travemünde, Rimini und Mallorca ausbrechen können, fühlen sich auf eine seltsame Weise miteinander verbunden; indem sie trotz der Hitze in der Pflicht bleiben, bemühen sie sich, einander das Leben so angenehm wie möglich zu machen, vereint bei diesen verdammt schönen dreißig Grad im Schatten.

Also genießen wir diese Tage, wo immer wir sind. Genießen wir die schwebende Heiterkeit. Die Nachsicht, die wir spüren, die Rücksicht, die wir denen, die unter Hitze leiden, angedeihen lassen, die Vorsicht, die wir einander empfehlen – welch eine Freude, erfahren zu dürfen, daß wir zu all dem noch fähig sind!

So ein bißchen Hitze-Notstand – und schon legen wir mit der Jacke ein Stück falscher Würde ab –, und das tut uns allen sehr gut.

DER MENSCH GEHT JETZT IM RÜCKWÄRTSGANG

Wir wissen nicht genau, wie stark die Bilder, die wir Tag für Tag aus den Zonen der Gewalt, des Todes, der Verzweiflung sehen, unsere eigenen Gefühle und Handlungen verändern. Aber wir spüren, daß Ungeheures geschieht.

Es ist plötzlich jenes Gefühl da, das Ernst Jünger, der ebenso geehrte wie angefeindete Schriftsteller, im ersten Kriegsjahr 1939 mit dem ersten Satz in seiner Erzählung »Mamorklippen« so unnachahmlich beschrieb: »Ihr alle kennt die wilde Schwermut, die uns bei der Erinnerung an Zeiten des Glückes ergreift.« So könnte auch heute alles beginnen, was uns erzählt wird. Denn nun spürt auch der letzte: Nichts wird mehr so sein, wie es war. Und nicht einmal ein Abglanz der Nachkriegsjahre reicht in unsere heutige Dunkelheit.

Hatten es Eltern damals schwer, ihren Kindern die Qualen und Entbehrungen des Krieges zu schildern, verstanden die Kinder, bei den alten Wochenschauen im Fernsehen schnell herbeigeholt, die Trümmerlandschaft dennoch nicht, spotteten sie sogar über die zu kurzen Haare der Väter und die zu langen Röcke der Mütter, so verwandelt sich nun das Problem. Es ist ebenso schwierig, den Kindern etwas von dem Glücksgefühl des Aufstiegs, der Freude an der Leistung und dem Miteinander auf dem Weg nach oben mitzuteilen. Und so sitzt die mittlere, die ältere Generation allabendlich vor der Tagesschau, um in den neuen Bildern des Todes die selbsterlebten Schmerzen zu erkennen. Und kaum noch ein Gespräch in diesem Lande, in dem sich nicht zur Trauer die Empörung und zur Empörung die Angst gesellt.

Der Mensch geht jetzt im Rückwärtsgang, so sagen viele,

die über diese Zeit nachdenken. Sie meinen damit die vielen kleinen alltäglichen Morallosigkeiten, die einem schon gar nicht mehr auffallen; das Werturteil »gut« oder »böse« ist aus der Welt verschwunden. Die Verteufelung des Andersdenkenden hat längst jedes Maß überschritten. Wer von Moral spricht, hat das Gefühl, eine Währung zu benutzen, die außer Kraft gesetzt ist. Die Moral wurde, um es genauer zu sagen, in den letzten Jahren aus unserem Bewußtsein buchstäblich »herausdiskutiert«. Indem man, beispielsweise, »Gewalt gegen Sachen« für möglich hielt, wurde Gewalt gegen Menschen möglich.

Im Angesicht der Bilder des Todes machen wir Älteren die Erfahrung, daß wir nun auch unsere übersonnte Vergangenheit kaum beschreiben können, nachdem die Jungen uns unsere schwere Vorvergangenheit mit den Bomben, den Trecks der Flüchtlinge nur selten glaubten.

Und so ergreift uns wieder »die wilde Schwermut bei der Erinnerung an die Zeiten des Glückes«, von der der Dichter sprach, und wir sind traurig, weil wir den Verführten und den Jungen und den Suchenden einen Weg doch nicht zeigen können.

ZU KURZ, ZU BELANGLOS,
UNSERE GESPRÄCHE IM TÄGLICHEN AUF UND AB

Da sind die Fahrstühle in den hohen Bürohäusern, diese unermüdlich rollenden »Menschenbagger«, diese Stätten der Kurzbegegnungen – so recht geschaffen für den Menschen unserer Zeit, der die Kunst des Verweilens längst verlernt hat: ein paar Sekunden nur, ein bißchen Alltagsphilosophie, ein Hin und Her des belanglosen »Wie geht's?« – wenn es ein Sinnbild für unsere sinnentleerte Zeit gibt, es sind diese Paternoster!

Der Mann plötzlich neben mir, zugestiegen im dritten Stock, vielleicht um die fünfzig alt, sagte ganz unvermittelt, er hätte plötzlich den furchtbaren Gedanken, daß er hier wohl nur noch »ein paar Jährchen« fahren würde, der Verschleiß sei so groß, man wüßte ja nie, ob man das Tempo durchhalten könne, »die schönsten Jahre sind sicher schon vorüber, das haben wir alle nur noch nicht gemerkt«.

Wollte der Fremde neben mir Ermunterung, wollte er Bestätigung, wollte er Erwiderung? Sollte ich ihm sagen, daß er jünger aussieht – und lügen? Man steht so hilflos, so eingezwängt in diesem rollenden Käfig – vierter Stock, siebter Stock, neunter Stock –, redet etwas vom Wetter, das die Depression fördert, vom Südwind, der nicht nur in den Bergen an den Nerven zerrt – und man weiß doch im gleichen Augenblick: Der Fremde, der ein paar Abteilungen weiter arbeitet, der sein eigenes kleines Leben lebt, das wir von außen nicht beurteilen können – wir müßten doch alles von ihm wissen: Kindheit, Eltern, Schule, Kriegsjahre, Liebe, Ehe –, dieser Mann wollte einen Notruf geben. Und mit ein paar Floskeln habe ich mich darüber hinweggemogelt. Im zehnten Stock stieg er aus, ein trauriges Lächeln – das es ja wirklich gibt! – in einem Gesicht voller Müdigkeit. Im elften stieg ich selber aus dem Fahrstuhl, etwas elend, denn man hat doch nichts gesagt, hat den »Problemfall« gehenlassen, und der Trost ist schon da, ehe man noch in den Korridor eingebogen ist: Man schleppt ja selber seine Sorgen, seine Termine – und überhaupt: Wer hilft denn eines Tages dir?

Und so geht man in sein Zimmer, blättert noch in der Zeitung, liest die neueste Meldung von der Universität in Kassel, wonach bis zu vierzig Prozent aller Studenten für eine kürzere oder längere Zeit psychotherapeutisch behandelt werden müssen. Die Jungen sind nicht besser dran als die Alten – ein Trost?

Als ich abends wieder in den Fahrstuhl stieg, mußte ich – im Korb elf – an den Mann vom Morgen denken, der nun anfängt, seine Jahre zu zählen. Ich erinnerte mich plötzlich an das Eingeständnis seiner tiefen Sorge, von der vielleicht nicht einmal seine Frau etwas weiß. Und wieder stieg, im Abfahren, ein Mann, ein anderer Fremder, hinzu. Er nickte nur und sagte nichts. Aber ich wußte plötzlich, daß er auch irgendeine Not mit sich herumträgt.

Vielleicht ist es gut, daß wir all diese Dinge um uns herum nicht erfahren. Und sicher ist es richtig, immer daran zu denken, daß es sie allüberall gibt. Auch wenn wir miteinander reden – und dabei zumeist doch eigentlich gar nichts sagen.

Man hat versprochen zu kommen, man würde dabeisein, das sei doch Ehrensache, wo man doch so viele Jahre zusammen gearbeitet habe. Und nun ist es soweit: Aus den Zimmern rechts und links des Korridors kommen sie alle an, die Kollegen, die Mitarbeiter, die Gegeneinanderarbeiter, die Freunde, die Intriganten, die Beinsteller, die Kumpels. Sie streifen sich, oft noch im Gehen, die Jacke über, etwas feierlich soll es schließlich werden, und irgend jemand wird sicher auch eine Rede halten: Abschiedsfest für einen, der dann nach Hause geht und morgen nicht wiederkommen wird, der plötzlich nicht mehr dazugehört, der fünfundsechzig geworden ist, Pensionsalter, Schallgrenze, Mauer, neuer Lebensabschnitt – was immer du willst.

Es sind schon viele vor dir dort, stehen beieinander, rauchen, Orangensaft im Glas, das Glas in der Hand, allerlei Gedränge, Händeschütteln – und dann trittst du ihm entgegen: Er lächelt, etwas maskenhaft – schwer zu durchschauen, was er denkt, da er heute noch hier in der Firma ist und morgen nicht mehr. Und du gäbest einiges darum, könntest du doch nur erfahren, wie ihm zumute ist, weil du doch weißt: Eines Tages wirst du dort stehen, und die anderen werden um dich herum sein, wie du nun um ihn herumstehst, und dann erst wirst du ganz genau wissen, was es heißt: nicht mehr arbeiten zu können, zu dürfen, zu müssen, zu sollen – zu, ich weiß nicht was.

Die Rede, die erwartete, wird wirklich gehalten, muß gehalten werden, irgend jemand muß in Worte fassen, was so unfaßbar ist: einen Abschied, den man nicht ganz begreift. Eigentlich ist er nur nach dem Kalender fünfundsechzig. Er sieht jünger aus, er könnte doch noch hier bleiben, man könnte sich doch vorstellen, daß er noch etwas abgibt von seiner Erfahrung – aber da ist schon die Rede: Er habe immer seine Pflicht erfüllt, er sei ein guter Kollege gewesen, nun würde er endlich Zeit für sich selber finden, alle guten Wünsche würden ihn begleiten: Prost!

Der Orangensaft schmeckt schal, der Sekt, der hineingegeben wurde, ändert daran nichts. Wir stoßen an. Ich sehe in sein Gesicht. Fühlt er sich verwundet? Er will nichts zeigen. »Schau mal wieder rein.« »Laß von dir hören.« »Zum Betriebsfest mußt du aber kommen.« Was man so redet, wenn man nichts zu sagen hat.

Ein Geschenk gibt es auch, zur Erinnerung an die vielen gemeinsamen Jahre. Ein Bild seiner Geburtsstadt haben sich die Kollegen ausgesucht, einen alten Stich – die Stadt liegt fünfundsechzig Jahre zurück, das Leben ist wie verrückt gelaufen, die Zeit ging immer schneller dahin – diesen Tag hatte er so deutlich noch gestern nicht vor sich gesehen. Und nun die vielen Hände zum Abschied. Und das Gefühl: Morgen schon, wenn er noch einmal an seinen Schreibtisch geht, um etwas Liegengebliebenes zu holen, wird er inmitten dieser Menschen ein Fremder sein, nicht mehr dazugehören, ein Besucher nur. Nicht selbstverständlich wird es sein, wenn er in eines der vielen Zimmer tritt, vielmehr wird man aufmerken, hochschrecken, Fragen stellen, einen Kaffee anbieten – Besuchern bietet man Kaffee an.

Langsam stiehlt sich einer nach dem anderen aus der Runde, man hat ja zu tun, so viele Termine noch. Entschuldigungen – er wird es verstehen, er war ja früher auch so oft dabei, wenn ein anderer dort stand, wo er nun steht: einsam inmitten der vielen.

Abschiedsfeiern im Betrieb haben so etwas Unerbittliches an sich.

Der Termin war früh, bitte, kommen Sie pünktlich. Ich war einige Minuten früher da, ging vor dem Krankenhaus auf und ab, Südeingang. Ein Rettungswagen kam mit Blaulicht. Trage, Männer, Eile – ein Arzt gab Anweisungen, Schonung, Vorsicht, ein schwerer Fall.

Plötzlich dieses Gefühl: Wie nahe wir alle einer solchen Notsituation sind. Der Mann auf der Trage hat vor einer Stunde noch nicht gewußt, daß er hier um sieben Uhr in die Klinik getragen würde. Unfall? Herzinfarkt? Kolik? In seinem blassen Gesicht ist nur der Schmerz zu erkennen – und die Hilflosigkeit des Menschen, der sich in die Hände anderer Menschen begibt.

Ich schaue die Hauswand empor. In allen Fenstern brennt schon Licht. In einem Raum sind fünf Ärzte versammelt, in einigen Minuten werden sie Visite machen. Ich hatte schon auf dem Parkplatz gesehen, daß von acht Parkplätzen für Doktoren sieben bereits besetzt waren. Lächerlich die Diskussionen, die in den Universitäten geführt werden, ob man den Studenten zumuten kann, früher anzufangen: Im Berufsleben geht es nicht so zimperlich zu!

Die Schwester, die mir einen Bogen für die Personalien gibt, sieht müde aus. Sie öffnet die Tür einer Umkleidekabine. Bitte den Oberkörper freimachen! Bitte warten. Ein halber Quadratmeter. Halbdunkel. Ein kleiner Spiegel. Die Haut ist winterweiß. Das ganze Leben, das so laut dort draußen wieder anhebt, ist plötzlich entrückt. Wie wird man dorthin zurückkommen, in einer Stunde, in zwei Stunden – krank, gesund, halb gesund, halb krank?

Als mich die Schwester endlich aus dieser quälenden Enge

herausholt, habe ich schon das Gefühl, daß ich mich selber beobachte. Sie geleitet mich mit einem Wink zu einer Liege, ein Metallbrett, ein karges Kopfkissen, eine Fußablage – »die Schuhe können Sie anbehalten . . . bitte, rücken Sie noch etwas nach unten« – die Kommandos kommen hinter einer Glaswand hervor. Nun senkt sich das Röntgenauge, der Apparat rückt ein Stück vor, ein kleineres Stück zurück – ein Roboter, der seine Beute sucht: ein Stück deines Körpers, von dem er Genaueres wissen will.

Alles andere ist nun ganz weit weg: der Beruf, die Familie, die Kinder, die Einladung heute abend, der Termin beim Chef morgen, die Urlaubsreise, die vom Reisebüro immer noch nicht bestätigt ist, und all das Wichtige, das die Gedanken so unermüdlich am Kreisen hält und das nun so unwichtig geworden ist.

Das Röntgenauge hat seine endgültige Position erreicht. Der Arzt, der bisher in anderen Räumen war, tritt heran. »Es tut nur kurz weh.« Ein Kontrastmittel wird gespritzt.

Warten. Dann: Einatmen! Ausatmen! Bitte nicht atmen! – Ein Knacken. Aus. Warten. Minutenlanges Warten. Nun ist die ganze Welt in einer unheimlichen Weise verschwunden. Nun weiß man, daß ja alles nur geschieht, weil man es selber wahrnimmt: durch Auge und Ohr, durch Briefe und Fernsehen, durch Radio und Zeitung, durch Gespräch und Gebet. Und hier auf dieser Stahlplatte, unter diesem Röntgenauge, hier, wo man plötzlich nur noch Körper ist, wird für Augenblicke das Leben in seiner Bedrohtheit spürbar.

Und dann merkt man, im Warten: Das Herz pumpt, das Wunderwerk des Körpers wird in Gang gehalten, rundum nur Stille, nur Einsamkeit. Dann – nach dieser wesentlichen Erfahrung – kommt der Arzt, der zufrieden ist –, ein Seufzer der Befreiung – dann die Schwester, die Kabine, der Ausgang der Klinik, die Autos, das Hupen, der Lärm, das Laute. Wie ein Film, der sich zurückdreht.

Und man möchte die Arme ausbreiten und das Leben neu umarmen!

DANKBARKEIT IST EIN FLÜCHTIGER STOFF

Nehmen wir zum Beispiel Christiaan Barnard, den weltbe-
rühmten, von Erfolg verwöhnten Arzt. Mit vierundvierzig
gelang ihm die Operation des Jahrhunderts, die Verpflanzung
eines Menschenherzens; damals, 1967, schoß sich der vitale
Chirurg in eine eigene Umlaufbahn um die Erde – die
Stationen standen nicht in den ärztlichen Standesnachrichten,
die hungrigen Reporter der Illustrierten waren es vielmehr,
die ihr Opfer gefunden hatten: der gutaussehende Doktor an
der Seite von Gina Lollobrigida und Papst Paul, das gab
Titelfotos und Klatsch zu Discountpreisen.

Dann senkte sich, nach allem Spektakel, der Vorhang, der
Mann ging wieder für dreitausend Mark Monatslohn ins
Groot-Schuur-Krankenhaus in Kapstadt, es gab weitere
Herzverpflanzungen, ein bürgerliches Glück für ihn ohne
Schlagzeilen, bis er nun, inzwischen auch Buchautor gewor-
den, wieder unterwegs war und bei dieser Gelegenheit jenen
verräterischen Satz sagte, der uns nachdenklich stimmt.

»Wenn einer der vielen reichen Leute, die es in eurem Land
gibt, ein Krankenhaus in Süditalien baute, würde ich dort
gratis arbeiten«, sagte Schriftsteller Barnard kürzlich in Rom,
als er die italienische Übersetzung seines Romans, der in
Frankreich schon ein Bestseller geworden ist, der Öffentlich-
keit vorstellte. Und er versprach: »Ich würde aus diesem
Krankenhaus die beste Klinik Europas machen.« Auf die
Frage eines Reporters, warum der südafrikanische Meister
denn unentgeltlich arbeiten wolle, kam Barnards Antwort:
»Weil es mir lieber ist, daß mir ein Patient danke sagt, als daß
er mich bezahlt.«

Da stand also, in einer der schönsten Städte dieser Welt,

jener Verwöhnte, der zwischen Erfolg und Anbetung wählen kann, und gibt in einem Nebensatz ganz plötzlich zu erkennen, was ihm in Wahrheit so viel bedeutet: die Dankbarkeit. Nun ist Dankbarkeit ein flüchtiger Stoff, seit die Beziehungen der Menschen untereinander von Jahr zu Jahr unverbindlicher geworden sind, nicht nur zwischen Arzt und Patienten, vielmehr allüberall. Nach dem Trommelfeuer der »Konfliktstrategie«, der Philosophie des Neides, nach der ins Gigantische gewachsenen Anspruchsmentalität – »Der Staat soll für mich sorgen«, »die anderen« müssen mir helfen, »die Gesellschaft« ist schuld an meinen Problemen –, nach all diesem seelischen Müll, für den es keine Verbrennungsanlagen gibt, ist Dankbarkeit in der Tat kostbar und selten. Der »moderne Mensch« hat es nicht mehr nötig, dankbar zu sein, er hat ja für alles bezahlt!

Und so kommt es durch diesen Hochmut nicht unbedingt zum Herzinfarkt, wohl aber zum »Gefühlsinfarkt«, zu jener verzweifelten Leere, in der man weder fähig ist, anderen Menschen Dankbarkeit zu bezeugen – noch selber Dankbarkeit zu empfangen. Vor allem kommt man zu einer Einstellung, gerade nur noch soviel zu tun wie nötig – und dafür ist Dankbarkeit in der Tat eine zu kostbare Münze.

Vielleicht muß man auch als Christiaan Barnard wirklich in die armen Dörfer Siziliens gehen, um noch ein echtes Dankeschön zu hören, wer weiß? Vielleicht wird dieses Wort eines Tages überhaupt aus unserem Sprachschatz verschwunden sein, »hinwegdiskutiert« von den Berufsveränderern unseres Lebens, die mit immer neuen Programmen unser Dasein dort, wo es wahrhaft lebenswert ist, besonders armselig gemacht haben.

RÜCKKEHR VON DER FRONT

Er saß neben mir im Flugzeug: etwa vierzig Jahre alt, schmal, novemberblaß, den schwarzen kleinen Koffer unter dem Sitz, in dem ein paar Dokumente waren, wie ich zufällig sah, und ein Foto: die Frau mit zwei lachenden Kindern, irgendein Sommerbild, irgendwo am Meer.

Er sprach wenig, aber ich erfuhr doch, daß er es wieder einmal versucht hatte mit einer persönlichen Vorstellung – »das klingt doch nach Zirkusauftritt, nicht wahr?« Es sei ja immerhin schon erfreulich, wenn man nach einer Bewerbung in die engere Wahl gezogen würde . . . und den Flug München – Hamburg – München, den bezahlt ja die Firma, das sei ausgemacht. Warum also nicht auf Verdacht nach Hamburg fliegen, wenn auch das kleine Reihenhaus fast in den Bergen liegt, dicht nebenan die vertrauten Geschäfte, die Schule, die Freunde. Das würde man ja alles sausen lassen, wenn »die da oben« in Hamburg ihn nur nehmen würden, »denn wissen Sie: nach einem halben Jahr Warten, da hört alle Sentimentalität auf, da sind nach den vielen Bewerbungsschreiben die Finger krumm, da kennt man die Floskeln auswendig: Bedauern wir, Ihnen mitteilen zu müssen . . .«

Seltsam, diese Vertraulichkeit unter Fremden, kaum daß wir den Sternen zehntausend Meter näher sind. Denn nun sagte er, ohne mich dabei anzuschauen: Es sei ohne Arbeit ja in Wahrheit nicht auszuhalten, man müsse sie nur einmal verlieren, dann wisse man schon Bescheid – »manchmal möchte ich hinschmeißen, wissen Sie, alles«. Besonders wenn die Frau nörgelt und die Kinder so unglaublich große Augen machen.

Ob er am Flughafen abgeholt würde, sonst könnte ich ihn

in die Stadt fahren? Nein, das sei nicht nötig, bisher sei seine Frau noch immer gekommen.

So trennten wir uns nach der Landung. Die hundert Männer – warum sind immer nur Männer in diesen Abendmaschinen? – drängten zum Bus, zum Ausgang. Ein paar von ihnen – ein paar nur! – wurden erwartet. Frauen, Freundinnen. Wiedersehen. Küsse. Arm in Arm.

Zufällig sah ich, daß der Mann, der mit der »persönlichen Vorstellung«, zögerte. Er sah plötzlich nicht mehr wie vierzig, schon eher wie fünfzig aus. Er suchte, den Kopf hoch hinausgestreckt, dann ließ er ihn plötzlich schwer fallen und ging allein von dannen.

Da dachte ich: Es werden zu wenige Männer an den deutschen Flughäfen abgeholt, wenn sie, meist geschäftlich unterwegs, zurückkommen. Denn heute – so wie die Zeiten nun einmal sind – kommen sie allemal meist von der Front.

»Es geht mir fabelhaft, mein Liebling«

Natürlich weiß man, daß diese Wohnung leer sein wird, abends, die Frau ist ja mit dem Kind für ein paar Tage fortgefahren. Es gab diese schwebenden, schrecklichen Minuten der Trennung, in denen sinnlose Sätze hin und her geschoben wurden wie Bauklötze: »Bleib schön artig« – »Schreib mal«. »Vergiß uns nicht.« »Denk daran, das Elektrische auszudrehen.« »Ich ruf dich an.«

Man weiß also, daß die Wohnung leer sein wird, die man nun aufschließt. Schon von ferne gibt es die Dunkelheit in allen Fenstern. Die Zeitung steckt noch im Briefkasten. Im Flur hängt kein Mantel, die Kinderschuhe fehlen, die sonst immer gleich vorne am Eingang stehen.

Erst einmal in allen Räumen: das Licht! In der Küche steht ein Topf, Vorgekochtes. »Damit du morgen nicht essen gehen mußt.« Sie hat noch im Aufbruch an dich gedacht! Im Wohnzimmer die Blumen, jeden zweiten Tag brauchen sie Wasser, ich soll es nicht vergessen, wenn möglich bitte . . .

Dann dieser kleine Stich ins Herz: das leere Kinderzimmer. Der Teddy auf dem Bett sieht plötzlich ganz traurig aus. Die Knopfaugen schauen mich an. Teddybären müßten reden können. Sie würden uns erzählen, was unsere Kinder nicht sagen. Dieser hier kann nicht einmal mehr brummen, wenn man ihn auf den Bauch legt – er wurde kürzlich von meinem Sohn »operiert«.

Es ist alles so beklemmend still. So ordentlich. Die Küche sieht aus wie eine Küche aus dem Schaufenster. Die Sessel am Fernseher stehen so parallel wie Zwillinge: Gestern haben wir hier zusammen noch einen Krimi gesehen. Ich kann die Ruhe nicht ertragen, schalte das Bild ein. Die Tagesschau: Politiker, Bomben, Kongresse, Wetterkarte.

Auf dem Tisch steht eine halbe Flasche Wein, der Rest von gestern. Daneben ein Zettel, ein paar liebe Worte, Trost, soweit »der Herr des Hauses« Trost braucht, man liest ja so viel in den Zeitschriften, was heute alles so läuft. »Laß dir die Zeit nicht lang werden«, steht auf dem Zettel.

Wenn die Frau jetzt, in dieser erbärmlichen Minute des Alleinseins anrufen würde, fragen würde, vielleicht zweifeln würde, was denn ihr Mann so alleine treibt, sie würde hören: »Es geht mir fabelhaft, Liebling.« Weil wir Menschen so seltsam gebaut sind, daß wir aus mancherlei Gründen nicht zugeben: Diese plötzliche Einsamkeit ist trostlos, grauenhaft, idiotisch.

Bis dann am nächsten Morgen die Sonne aufgeht und dieser königliche Augenblick kommt, da ein Mann in einer leisen Wohnung vor einer Tasse Tee sitzt und – ungestört, völlig ungestört – die Zeitung liest . . .

V
RUM MUSS, ZUCKER
DARF, WASSER KANN ...

Rum muss, Zucker darf, Wasser kann ...

Sommermenschen, begreift endlich, daß eure Zeit dahingezogen ist, der blaue Himmel, so es ihn gab, ist verhängt, die »fünfte Jahreszeit«, von der Tucholsky schwärmte, weil die Natur damals noch in Ordnung war (diese schwebenden Tage zwischen Sommer und Herbst), ist uns vorenthalten worden, die Kühle kam ganz direkt mit einigen tiefen Staffeln aus dem Nordmeer – ihr Sommermenschen, begreift: Nun beginnt die Zeit der Wintermenschen!

Nun also kommen jene ganz groß heraus, für die der Winter die Jahreszeit aller Jahreszeiten ist: Partys und Feste, Hausbälle, Schwarzweiß-Bälle, Kerzen anzünden und Stereo hören. Das Versinken ins Gespräch. Das Zusammenrücken. Die Geselligkeit. Wintermenschen brauchen Menschen, der Winter wäre sonst nicht erträglich.

Den Sommermenschen bleibt nur die Erinnerung. Am Meer schlagen jetzt die Wellen sinnlos auf einen leergefegten Strand, ein paar verstreute Sonnencremeschachteln, Spuren jener unbeschwerten Zeit. Die Kuppeln in den Bergen sind wieder weiß, für einen Sommermenschen sehen die Berge jetzt aus, als ob sie sich erkältet hätten. Sommermenschen trauern ihrem Sommer nach, Wintermenschen genießen den Winter zusätzlich – die Welt wird allemal mit verschiedener Elle gemessen.

In diesen Tagen nun zählt, was Menschenwerk ist: die Fähigkeit, zu diskutieren und zu flirten, zu lachen, zu feiern. Bücher und Bälle, Fernsehen, Theater, Hausbesuche, Ausstellungen, jede Art von Geselligkeit. Das ist, wir spüren es sehr schnell, zuweilen auch sehr lustig. Aber es ist eben nur Menschenwerk.

Den Atem des Sommers spüren wir nicht, die Weite fehlt. Denn es macht natürlich einen Unterschied, ob nur eine Party zu Ende geht, in leeren Gläsern und Zigarettenqualm ertrinkt oder ob die Sonne bilderbuchreif am Horizont versinkt – da gab es dieses Gefühl für Unendlichkeit, das haben wir vor wenigen Wochen selber noch erlebt.

Doch nun ist alles verändert, wenden wir uns also einander zu, enttäuschen wir uns nicht. Willkommen bei der nächsten Party! Immer nur lächeln. Packen wir ein paar Witze in unser Gedächtnis, damit wir die Fröhlichkeit anschieben können, wenn sie ins Stocken gerät. Und sollten wir auf einen Sommermenschen treffen, der seinen wehmütigen Erinnerungen nachhängt: Nachsicht üben!

Bis zum Fasching gibt's für Wintermenschen kein Halten. Und diejenigen, die am glücklichsten sind, wenn die Sonne am höchsten steht, sollten sich darauf einrichten. Campari ade – der gute alte Grog steht bereit. Wir wissen ja: Rum muß, Zucker darf, Wasser kann . . .

VERGESSEN WIR SIE NICHT – UNSERE KLEINE, PRIVATE TAGESSCHAU!

Plötzlich, wenn die Wetterkarte aus Frankfurt kommt, ist dieses seltsame Gefühl wieder da: Das kann doch nicht alles gewesen sein – ein Tag Weltgeschehen, fast vier Milliarden Menschen miteinander und gegeneinander in Liebe und Haß – da hat man uns doch etwas vorenthalten, so armselig kann ein Tag doch gar nicht sein, wie ihn die Tagesschau uns zeigt.

Es kann doch einfach nicht stimmen, daß es nur ein paar schwarze Limousinen gegeben hat, die vor irgendeinem Palais vorfuhren mit wichtigen Männern, die zu wichtigen Konferenzen eilen. Und immer wieder: Die versorgten Pokergesichter der Politiker, in die sich die Mikrofone der Reporter fast hineinbohren; die Ankunft eines Ministers auf einem Flughafen – es geht immer ein leichter Wind –, und die Reise ist immer »nützlich« gewesen; das Festbankett, zumeist in Paris, weil sie es dort am besten können, mit Pomp und Tischreden – die Kamera scheint an Frauen kaum interessiert, man sieht immer nur Männer. Überhaupt: Tagesschau ist Männerschau, ein bißchen Frau X und Madame Y helfen da nicht weiter. Vor allem aber: Tagesschau ist Schreckensschau, auch in Farbe alles schwarz und wenig weiß.

Natürlich spüren wir, daß die Bilder täuschen: Es ist auf dieser Erde alles viel aufregender als im Film – von den Sternstunden des Fernsehens einmal abgesehen –, es ist aber auch alles viel stiller und normaler. Die Welt in ihrer Freude und Verzweiflung ist eines, die Tagesschau ist etwas anderes. Verlangen wir ohnehin nicht Unmögliches? In fünfzehn Minuten läßt sich ein weltweiter Tag nicht hineinpressen. Also: Auswahl. Also: Staatskarossen, emsige Aktentaschenmänner, Blitzinterviews.

Was wäre unsere Welt eigentlich wert, wenn sie wirklich so trostlos wäre, wie es die Tagesschau allabendlich vermuten läßt? Sie wäre kaum etwas wert! Eine Krankengeschichte, von Tag zu Tag fortgeschrieben – und die Politiker sind die Sanitäter, die von Einsatz zu Einsatz jagen. Sie sind mit ihrer gigantischen Verantwortung immer ganz allein, von der Einsamkeit der Macht umgeben – wenn nur nicht der Reporter immer plötzlich lächelnd daneben stehen würde.

Nehmen wir Tagesschau als eine von vielen Möglichkeiten, wie man den Tag, der sich neigt, auch sehen kann. Und lassen wir nebenher, in einer Sendepause, unsere kleine, private Tagesschau ablaufen: die kleinen Freuden, den großen Ärger, die paar gestrandeten Hoffnungen. Diese private Tagesschau ist vielleicht nicht so perfekt und so erregend wie die TV-Schau, aber sie hat einen unübersehbaren Vorteil: Wir haben sie selbst erlebt! Und das ist es, was zählt.

MINUTEN DER VERÄNDERUNG

Und dann eines Tages: der Weg zum Arzt. Die Untersuchung. Dann das lange Warten, eine Zeitlang im Zimmer nebenan, oder gar ein paar Tage, bis die Befunde aus dem Labor zurückgekommen sind. Und dann wieder der Schritt durch die Tür, der Händedruck, das Platznehmen, der Mann, der nun mehr von uns weiß, als wir selber, wird zu uns sprechen – die Diagnose ist da, eine Nachricht, von allen Nachrichten, die es in diesen Tagen gab, ist sie die wichtigste: Denn hier geht es um das nächste Stück Leben.

Und auf eine seltsame Art ist alles plötzlich entrückt, was uns eben noch so dringlich erschien; mögen es nun die Konferenzen in Bonn oder Washington sein; der Disput mit dem Chef in Sachen Rationalisierung – daß die schlimmen Dinge auch immer so häßlich klingen müssen – das Telefonat mit der Frau – alles ist nun weit fort, nur die eine Nachricht zählt noch, die der Arzt jetzt gleich verkündet, nach der Untersuchung.

Diese Zeit des Wartens – die müßte irgendwo versinken, die dürfte es gar nicht geben. Die eigene Existenz ist plötzlich in ein Halbdunkel geschoben. Die Gedanken kommen nun wild und unkontrolliert. In der Zeitung, die zufällig im Sprechzimmer liegt, ist ein Bild zu erkennen, das die Frau des US-Präsidenten zeigt. Und die Schlagzeilen sind schwarz und groß.

Wir spüren plötzlich die Kälte einer Einsamkeit, die mit keiner anderen Einsamkeit vergleichbar ist, während wir auf den Arzt warten: Die Freunde wissen nichts, die Familie kann nicht helfen, die Bilder unseres Lebens sind matt, die Hoffnung hat so viele Namen. Es ist ein Gefühl, als ob nun eine

Faust nach uns greift, aus heiterem Himmel – und wir wünschen uns eigentlich nur noch ganz bescheiden: daß morgen so wie gestern sein möge, es würde schon genügen.

Während wir warten, blättern wir in der Zeitung, auf der zweiten Seite ist das Foto, das den US-Präsidenten, den mächtigen Mann der westlichen Welt, an der Hand seiner Tochter zeigt. Kinder trösten Väter, die Ohnmacht kennt keinen Namen, der Schmerz keinen Rang.

Das Schicksal, von dem wir hören, ist weit und fern – und nah. In dieser Welt ist es nicht anders eingerichtet. Spätestens in der Tagesschau können wir exakt sehen, wie der Mann nun aussieht, der da um seine Frau bangt, jede Falte in seinem Gesicht. Und wir werden selber nachdenklich.

Es muß wohl diesen Augenblick in unserem Leben geben, in denen wir innehalten, fragend alles überdenken. Dieser Wettlauf nach den immer neuen Horizonten, die wir nie erreichen, weil sie sich doch immer wieder verschieben, ist ohnehin nicht zu gewinnen. Vielleicht werden uns deshalb diese Momente immer wieder zudiktiert – im Wartezimmer des Arztes, beim Anblick der bösen Schlagzeilen.

Und dann geht's wieder weiter, wieder ein Stückchen Leben ohne Punkt und Komma; aber etwas sanfter werden wir sein, etwas nachdenklicher, vielleicht etwas dankbarer. Das ist mehr als eine ganze Menge!

WAR DA NICHT EIN LUFTBALLON AM SCHORNSTEIN?

Plötzlich kommt dann auf eine sehr geheimnisvolle Weise dieses Gefühl: Man müßte doch einmal wieder die Stätten seiner Jugend besuchen. Dort vorbeischauen, wo man als Kind Träume vom Himmel holte. Nur einmal nachsehen, ob noch alles so ist, wie es in den Gedanken aufgezeichnet ist: so groß, so weitläufig, so bunt, so ungeheuer lebendig.

Und dann macht man den Fehler und fährt eines Tages – vielleicht auf einer Ferienreise, vielleicht auf einer Dienstreise, vielleicht auf einer Extrareise – hinein in seine eigene Vergangenheit. Schon die Einbiegung in die Straße, die doch einst Schicksal war – damals, als die Schulmappe immer schwerer wurde, als man hier dem Abitur zustrebte –, schon diese Einbiegung läßt erkennen, daß die Erinnerungen alles verschoben haben. Oder: daß inzwischen Straßenbauer am Werk gewesen sind; denn die Kurve am Stadtpark ist schneller genommen, der Weg ist kürzer, das Ziel viel kleiner – das damalige Elternhaus, da steht es nun seltsam vertraut und fremd zugleich. Es ist viel schmächtiger, es paßt so gar nicht zu meiner kolossalen Kindheit.

Die Tür zum Garten: verwittert. Die Hecke, in der wir uns versteckten, um die vom Markt heimkehrende Mutter zu überfallen, würde Dornröschen zur Ehre gereichen. Die Tannen, die fünf stolzen Paradestücke vor dem Haus: Jetzt erst hatten sie den Schornstein knapp überrundet – wie hoch waren sie mir schon damals, vor Jahrzehnten, erschienen! Alles machte einen dahinwelkenden Eindruck. Ich schlich um das Haus, wurde aus dem Küchenfenster argwöhnisch beobachtet – wer hat schon gern, wenn sein Besitz so genau inspiziert wird –, und ich konnte doch nicht erklären, wie harmlos dieser Ausflug in die Vergangenheit zu bewerten ist. Ich wußte nur, daß ich in eben jener Küche – vor vierzig Jahren – absichtlich einen Topf Spinat vom Herd gestoßen hatte, als niemand in der Küche war – ich mochte keinen Spinat.

Auf der Rückseite des Hauses: die Fliederlaube, in der ich meine Schularbeiten machte, sobald es Sommer gab, aber auch hier war alles Verwunschene verschwunden. Und auch der Himmel über dem Haus kam mir kleiner, unbedeutender vor, als ich ihn in Erinnerung hatte, und spätestens in diesem Augenblick spürte ich, daß ich einer doppelten Täuschung zum Opfer gefallen war: Die Dinge des Lebens sind eben nicht nur die vielbeschworenen Realitäten, sie sind eben auch die Bilder, die wir uns von ihnen machen.

Mein Elternhaus war bis vor wenigen Stunden für mich gewesen: groß, nobel, weitläufig, von Sonne überstrahlt, von Flieder umzäunt, inmitten eines Tannenwaldes, eine herrliche Geschichte mit einem roten Luftballon am Schornstein, und sogar das Fahrrad, das mir auf dem Schulhof gestohlen worden war und noch lange durch meine verängstigten Träume fuhr, kam auf eine geheimnisvolle Weise immer wieder, wie es eben nur in Träumen und in Märchen geschieht . . .

Und nun, nach diesem Besuch, war mein Elternhaus: nicht so groß, bei weitem nicht so nobel, an einer Straße gelegen, die schon eine so merkwürdig armselige Einbiegung hat – wirklich: Ich hätte diesen Besuch in der Erinnerung nicht machen dürfen. Wann werde ich nur begreifen, daß die Wahrheiten von gestern nichts mit den Wahrheiten von heute zu tun haben.

JUGEND – UND NOCH EIN BISSCHEN MEHR

Es war um Mitternacht: Auf der Bühne eines Berliner Tanzpalastes erschien ein Mann, der seine Jugend längst verloren hat, Nat Gonella, eine Größe aus der Jazz-Szene der dreißiger Jahre, ein kleiner Mann mit großem Atem, in der Hand die Trompete, die er fast so meisterhaft zu nehmen weiß wie einst sein bester Freund, der unvergessene Louis Armstrong.

Ich dachte, als der kleine Mann – adrett herausgeputzt, die Stiefel so blank wie das Metall in seiner Hand – so vor mir stand, daß hier möglicherweise noch einmal das Geschäft mit der Nostalgie betrieben wird – oder ein Stück Altenhilfe.

Doch dann kam jener Augenblick, da dieser alte Mann, umrahmt von jungen Musikern einer holländischen Band, die Trompete in die Höhe riß, hinein ins gleißende Scheinwerferlicht, und eine Musik hinzauberte, daß die Älteren im Saal urplötzlich den Takt schlugen, aber auch die Jüngeren rundum spürten: Hier war nichts von Mitleid mit einem älteren Künstler, hier war ein Profi, eingebettet in die Kapelle. Und so prasselte Beifall über Beifall: Die jungen Musiker um den fast siebzigjährigen Gonella freuten sich, wie der ältere hier verehrt und geehrt wurde.

Nun wäre dies alles nicht erzählenswert, wenn dahinter nicht eine Erfahrung stände, die – zaghaft erst – doch allüberall zu beobachten ist: Zwischen den Jungen und den Alten werden wieder ein paar Brücken gebaut. Die Gefühlskälte, mit der all jene, die die Fünfzig überschritten haben, langsam, aber sicher in die eisigen Regionen eines Alten-Gettos geschickt wurden, war ohnehin nicht mehr länger zu ertragen. Die Überschätzung der Jugend, das Hochjubeln der

»dynamischen Generation« beherrschten zu lange unser Leben.

Wenngleich wir auch wissen, daß den »Machern« zwischen dreißig und fünfzig nichts geschenkt wird: Sie müssen die Universitäten finanzieren – vierzehn Menschen müssen heute arbeiten, damit von ihren Steuern einer studieren kann! –, sie sind es, die immer mehr Renten aufbringen müssen. Natürlich spüren die Vielbeschäftigten, spüren es vor allen Dingen die Frauen an ihrer Seite, wie kostbar die Zeit wird. Auf den Uhren dieser Gehetzten ist der Sekundenzeiger längst wichtiger geworden als der Stundenzeiger.

Und nun also – gleichsam über die Köpfe der Rasenden und Ruhelosen hinweg – die Allianz der Jüngeren und der Älteren!

In England, aber auch in Amerika gibt es das neueste Signal der Verbrüderung: Schulkinder machen mit Tonbandgeräten Jagd nach Erzählungen aus der guten alten Zeit. Begehrteste Trophäe in einer Londoner Schule: ein achtzehnstündiges Tonbandinterview mit einer Zweiundneunzigjährigen, die berichtet, wie ihr Vater einst Haus und Hof verkaufte, um ihr eine prunkvolle Hochzeit zu schenken.

Die erste und die dritte Generation geben sich die Hand: die einen, weil sie noch voller geheimer Ängste vor dem Abenteuer Leben stehen und auf ihre vielen Fragen von den Ruhelosen keine ruhigen Antworten bekommen; die anderen, weil für sie das Hauptrennen schon gelaufen ist und weil sie plötzlich von dem kostbaren Stoff abgeben dürfen, den in den letzten Jahren niemand von ihnen haben wollte: von ihren Erfahrungen, die doppelt wertvoll sind, weil man Erfahrungen herschenken und gleichzeitig behalten kann.

Dieses Wunder des Zusammenführens geschieht ohne den Staat. Ohne Begegnungszentrum. Ohne Behörde. Was, es sei offen gesagt, ein weiteres Wunder ist.

ROM – EIN ABEND, EINE NACHT, EIN MORGEN

Wir waren zu später Stunde verabredet in einem jener kleinen
römischen Lokale, denen von außen nicht anzusehen ist, was
Küche und Keller leisten. Mel Ferrer sollte kommen, Elke
Sommer, Hans Habe, Filmleute, Schriftsteller, sogenanntes
»lustiges Volk«. Und da wir in Rom waren und der Sommer
noch seidenweich am blauen Himmel hing, konnte es ein
lustiger Abend werden. Neben mir, mit einer Scheu, die nur
Erfahrung schenkt, saß Mel, in seinen Augen noch immer
eine Spur von Audrey Hepburn, der Geschiedenen.

Und dann, das Mineralwasser war gerade gekommen,
senkten sich plötzlich wie von Geisterhand die Fensterschei-
ben. Wem war es hier zu kalt? Ehe ich mich noch umsehen
konnte, mußte ich weinen. Tränengas! Ein paar Straßenzüge
abseits hatte die Polizei es gegen Auswüchse bei einer De-
monstration eingesetzt.

Der Schmerz dauerte zehn Minuten. Die Langusten mußten warten. Elke Sommer erschien eine Stunde später. Der
Taxifahrer hatte sich beim Anblick der roten Fahnen, der
Marschkolonnen geweigert, weiterzufahren; sein Auto sei
sein ein und alles. Frau, Kinder, viele Kinder, alles lebe von
seinem Auto – kein Risiko also. So raste die Hollywood-
Schöne zu Fuß durch eine jener römischen Nächte, die wir
aus dem »Süßen Leben« eigentlich ganz anders in Erinnerung
haben. Da gab es nächtliche Bäder in Brunnen, aber kein
Tränengas!

Natürlich, es wurde dann doch getafelt. Man fragte die
Ober, wie viele Autos an der Spanischen Treppe demoliert
worden seien. Man hörte aus dem Fernseher, der neben den
Scampis aufgestellt war, daß es auch in Paris, in Frankfurt

Zusammenstöße gegeben habe. Man kam mehr schweigend als redend über die Runden – und ging. Natürlich kein Taxi weit und breit, Mel Ferrer wanderte im Mondschein allein durch die mit Glassplittern übersäten leeren Straßen, seinem Hotel entgegen; kein Autogramm wird ihm in dieser Nacht abverlangt worden sein.

Kurz darauf, um Mitternacht, bin ich auf der Via Veneto: Eine Stecknadel könnte hier kaum fallen, lachende, drängende Menschen zuhauf, Autokorso, Gehupe wie in einem Fellini-Film, schöne Mädchen in braunen Männerarmen, alles scheint vergessen, was vor Minuten noch die Stadt erschreckte. Nur schwerbewaffnete Soldaten an der amerikanischen Botschaft erinnern die nächtlichen Bummler daran, daß die Gefahr noch nicht vorbei ist.

Und wieder ein paar Stunden später – nun schon morgens – und immer noch in Rom: Sonnenüberflutet der Platz vor dem Petersdom, Papst Paul, heilige Messe, Zehntausende beten und winken – und sicher ist manche Hand darunter, die vor Stunden noch zur Faust geballt war – und die nun das Kreuz schlägt.

Ein paar Stunden Rom und alles ganz dicht beieinander: der Weltstar ohne Taxi, die fleißigen Ober unter Tränengas, die blasse Frau, die die zerstörte Schaufensterscheibe an ihrem kleinen Geschäft zunagelt, die zornigen Jeans-Männer in Marschblöcken – und am nächsten Morgen – wenn auch nicht dieselben, so doch die Kinder der gleichen Generation – junge Männer im Sanitätseinsatz vor dem Vatikan.

Rom – Spiegel unserer zerrissenen Welt. Das süße Leben und – fabelhaft, wie wir Menschen das hingekriegt haben – nun auch das bittere Leben mit Schrecken und Terror ...

Nun saß er vor mir, wir hatten uns lange Zeit nicht gesehen, irgendwie trieb ihn das Gefühl in mein Zimmer, das wir alle immer wieder an uns selbst verspüren: in die alten bekannten Gesichter hineinzuschauen, um festzustellen, wie »das andere Leben« verlaufen ist. Wir hatten vor vielen Jahren zusammen gearbeitet, tagtäglich, uns dann – durch einen Ortswechsel – aus den Augen verloren. Und nun also hatte er sich gemeldet, um einmal guten Tag zu sagen, mehr nicht, beileibe nicht mehr!

Während er sich setzte, rechnete ich ein paar Daten zusammen und kam darauf, daß er etwa um die sechzig sein mußte, so genau konnte ich es nicht ermitteln. Ich wußte auch nicht mehr, ob wir schon beim vertraulichen Du gewesen waren, also wartete ich ab. Es stellte sich heraus: Wir hatten damals wirklich jenes Du gefunden, das sich im Büro so schnell in die Gespräche mogelt.

Und dann erzählte er, wie es ihm in den letzten Jahren ergangen sei. Arbeitsplatzwechsel. Die Enttäuschung bei der Suche nach einem neuen Job, als all die vielen Freunde plötzlich gar keine Freunde waren. Keine Hilfe. Nur auf seine Frau habe er sich verlassen können. Die Kinder? Auf und davon: Manchmal kommt eine Postkarte, aus Mallorca oder so. »Man fragt sich, warum man sie eigentlich mit soviel Mühe großgezogen hat.« Bitterkeit für einen Wimpernschlag. »All die vielen Abende, die man zu Hause geblieben ist, um die Kinder nicht alleinzulassen.« Er sagte dies mit einer Geste, die Verkäufer auf dem Jahrmarkt zeigen, wenn sie den Preis besonders drastisch nachlassen.

Kein Blick in ein Bilderbuch des Lebens, gewiß nicht. Ein

Rechenbuch mit schwierigen Aufgaben. Und nun saß er hier vor mir und suchte im Gespräch die Jahre zu beschwören, in denen wir beide noch auf dem Weg nach oben waren. »Das waren noch Zeiten.« Er lachte, als er von einer gelungenen Intrige erzählte, die ich längst vergessen – und damals nicht durchschaut hatte.

Nebenbei erfuhr ich, daß er immer noch die alljährlichen Wiedersehensfeiern seiner Abiturklasse organisierte – Höhepunkte seines Lebens, das längst nur noch in der Kunst besteht, die Bilder der Vergangenheit in die Gegenwart zu holen, um den Glanz, den er heute rundum nicht zu finden vermag, wenigstens durch den Abglanz der Erinnerung zu ersetzen. Aber auch diese Stunden halten den Fluß der Zeit nicht auf, »die Jahre eilen dahin, es ist beängstigend«.

Wir sind, da unser Gespräch in meinem Büro stattfand, schon zweimal durch das Telefon gestört worden, beim dritten Mal hatte er plötzlich das Gefühl, daß nun alles gesagt sei. Wenn ich es recht bedenke, wenn es auch grausam klingt: Dieses Gefühl stimmte! Seltsam, wie sich ein lang gelebtes Leben manchmal auf dem Gesprächsteppich einer halben Stunde unterbringen läßt. Wie schnell alles Wichtige schon gesagt ist. Im Pendelschlag – »Weißt du noch damals . . .?« und »Wir müssen uns einmal wiedersehen« – zerrinnt die Gegenwart, nichts bleibt als die Momentaufnahme eines Menschen, der irgendwann ganz leise in das eigene Leben eintrat und ebenso leise wieder hinaustrat.

Der Besucher ging. Den langen Korridor entlang. Ich schaute ihm nach. Er kam mir kleiner vor, als ich ihn in Erinnerung hatte. Nicht so lustig wie damals. Dafür ehrlicher. Nicht so gewandt und gelackt. Es ist immer die gleiche Geschichte mit den Geschichten von gestern: Man möchte sie im Gespräch noch einmal herbeiholen, aber sie kommen nur als abstrakte Bilder.

Die Wärme fehlt, die Dramatik, die Fröhlichkeit, vor allem: die Ungewißheit jener Stunden und Tage, die man teilte. Vergilbt, verweht, dahin. Schade, daß die Beschwörung nie gelingt!

Heute, da so viele Menschen ihre »Selbstverwirklichung« so weit treiben, daß sie auf den Nächsten keine Rücksicht mehr nehmen – heute, da wir zu immer neuen Experimenten ins Theater, ins Kino, in Studiobühnen, Freizeitzentren, Buchläden gelockt werden (um dann schließlich doch bei der Beethoven-Symphonie zu landen) –, heute, da Schriftsteller erklären: »Ich mußte mir das einfach von der Seele schreiben«, ohne daran zu denken, ob die Seelen der Leser damit fertig werden –, just heute gibt es also plötzlich einen Mann, der den Mut hat zu erklären, er fühle sich verantwortlich für die Zeit, die er von seinen Lesern fordert.

Es war, in einem Fernsehinterview, der australische Schriftsteller Morris L. West, dem wir Bücher wie »In den Schuhen des Fischers«, »Des Teufels Advokat« und »Harlekin« verdanken; jener weltberühmte Autor, der für viele schwachprozentige Autoren, die sich gleichwohl auf der Kulturszene in Szene setzen, den entscheidenden Nachteil hat: Morris L. West wird gelesen, er ist erfolgreich.

Aber – und das macht den interessanten Unterschied aus zu jenen, die sich nur unermüdlich im Spiegel ihrer Reflektionen drehen, die mehr auf Kongressen als am Schreibtisch zu finden sind: Morris L. West trägt an der Last, von seinem Leser, wie er sagt, mit seinem Buch eine Woche Zeit zu fordern, er fühlt sich zur echten Gegenleistung verpflichtet.

Natürlich hatte der Moderator, der der Sendung die intellektuelle Soße wie Ketchup überstülpte (kein Bericht in diesen Kultur-Magazinen, in dem nicht ein Eiferer immer noch eins draufpackt!), auch sofort die zynische Redewendung parat: Herr West überschätze sich sicher, drei Tage, ein Wochenende gar würde wohl für den Bestseller ausreichen.

Daß aber bei einem schlechten Buch auch schon ein verlorenes Wochenende zuviel ist, das eben meinte der Weltberühmte. In der Tat ist, unabhängig von der Literatur, die Schamlosigkeit, mit der wir so oft um unsere Zeit bestohlen werden, ein erschreckendes Kapitel der Inhumanität. Es gibt keinen Rohstoff in unserem Leben, der so kostbar ist. Ein Rohstoff, von dem wir nicht wissen, ob er uns reichlich oder sparsam zugeteilt wird. Aber wir behandeln ihn in der modischen Wegwerfmanie, mehr noch: Wir lassen uns die Zeit oft brutal stehlen.

Das geschieht wahrlich nicht nur in der Literatur, im Theater – es geschieht im Betrieb, in den Behörden, in unduldsamen Familien. In all unseren »zwischenmenschlichen Beziehungen« – welch scheußliches Wort für eine so wichtige Sache! – gibt es den Betrug mit der Zeit. Ein Gespräch, das versandet, eine Party, die geschmissen ist, ein Chef, der uns warten läßt – überall verrinnt die Zeit.

Wir sollten von dem Erfolgsautor lernen, Verantwortung zu fühlen für die Zeit, die wir von anderen Menschen beanspruchen. Wir sollten hellwach werden bei jenen, die uns hier betrügen. Da gibt es zwar kein Strafgesetzbuch, da müssen wir uns selber schützen. Wenn Sie mich fragen: Etwas mehr Egoismus ist hier erlaubt.

Diese lauten stillen Tage

Nun sind sie gekommen, diese schweren Tage, in denen der Nebel vor der Sonne liegt und sich alles zum Dunklen hin verändert. Die Natur bäumt sich noch einmal auf, verwandelt die Farben der Blätter vom flammenden Rot bis zum schwarzen Braun, ehe dann der ganze Jammer vor uns steht: kahl, entlaubt, leergefegt vom Wind. An den Bäumen spiegelt sich unser eigenes Leben, wir ahnen es, wir wollen es nur nicht wahrhaben. Irgendwann in den letzten Tagen, als wir, noch nicht im Mantel, vor das Haus traten, spürten wir: Jetzt ist er da! Der Herbst fragt nicht, ob er eintreten darf: Er kommt.

Wir fahren, vom Sommer verwöhnt, von der Gewohnheit getrieben, vor die Tore der Städte. Die Kinder spielen mit dem Laub. Die Schwäne gleiten über kaltes Wasser. Die Boote liegen zugedeckt im Hafen, als ob sie nie gefahren wären. In den Wirtshäusern rücken die Menschen aneinander, reden, spielen, trinken – diese grauen Tage wollen gemeistert sein.

Wir greifen wieder zu Büchern, auch zu Gedichten. »Noch spür' ich ihren Atem auf den Wangen: Wie kann es sein, daß diese nahen Tage fort sind, für immer fort, und ganz vergangen?« lese ich bei Hugo von Hofmannsthal, dem Dichter, der unter der Erfahrung der Vergänglichkeit litt. In den Büchern der Großen ist alles schon gesagt, was uns berührt.

Ich schaue aus dem Fenster. Der Nebel ist noch immer nicht aufgestiegen. Die Flugzeuge werden noch nicht landen können, die uns – vor Wochen erst – aus irgendeinem Sommerparadies zurückbrachten. Der Bademantel, die Tennisschuhe sind vergessen, die hellen Bilder haben sich verflüchtigt, als Dia an die Wand geworfen beschwören sie nur noch ein Stück Erinnerung.

Dies ist die Zeit, in der eine große Geschäftigkeit anhebt. Konferenzen, Kongresse. Überall werden Weichen gestellt. Die Gesichter der Politiker werden hart. Die Minister sehen aus, als ob es nie einen Sommer gegeben hätte! Schon kommen die ersten Weihnachtsofferten: Wie eilig es die Menschen haben, die Vorfreude zu dehnen – und zu töten.

Und abends dann die Freunde, die man einen Sommer lang nicht um sich versammeln konnte, weil sie alle, alle unterwegs waren. Die langen Gespräche vom Abend in die Nacht. Wo sie alle gewesen sind: auf Mallorca, auf Kreta, auf Elba, auf Sylt. Zufall vielleicht: Sie sind alle auf Inseln gewesen, als sei auf dem Festland das Glück nicht mehr zu holen, als müsse man heute das Meer zwischen Alltag und Ferien legen, um zu sich selber zu finden. Und seltsam: Sie alle waren am glücklichsten in jenen Augenblicken der Bescheidenheit – mit Fischern zu sprechen, in einer Dorfkneipe einzukehren, Muscheln zu suchen, den Sonnenuntergang zu filmen war Glücks genug.

So gehen wir durch diese grauen Tage. Der Sommer hat uns entlassen, der Winter noch nicht an die Hand genommen. Und um uns herum viel Lautes – und viel Einsamkeit. Wer neben sich einen Schritt im Gleichklang spürt, darf dankbar sein.

GEDANKEN ZUM FEST –
KÖNNEN WIR DIESE STILLE NOCH HÖREN?

»Sie wollen«, sagte der Mann, der mitten im Geschäftsleben
steht, »doch hoffentlich nichts über Weihnachten schreiben?
Das ist doch zu einem Fest der Habgier geworden. Eine rein
materielle Angelegenheit, da können Sie sich doch nur die
Finger verbrennen.«

»Ich verstehe nicht, wie Sie so etwas sagen können«, sagte
die Frau, die ihm gegenübersaß. »Warum sollte nicht einer
seine Stimme erheben und bekennen: Ich feiere Weihnachten.
Wenn alles so trostlos weiterläuft, verschwindet doch Weihnachten langsam, aber sicher aus unserem Leben. Unsere
Kinder sind Heiligabend sowieso schon auf Teneriffa. Sie
verstehen: Bikini statt Weihnachtsmann. Für sie ist Weihnachten nur noch ein schneller, willkommener Kurzurlaub.
Mehr nicht.«

»Wir feiern Weihnachten überhaupt nur noch, weil unsere
Enkelkinder kommen, ein bißchen Tradition muß sein«,
sagte das alte Ehepaar, das mit mir in der Runde saß – so viel
Ratlosigkeit habe ich schon lange nicht mehr beieinander
gesehen. Und während so debattiert, reflektiert und interpre-
tiert wurde, während man das Fest wie einen Patienten
untersuchte, als gelte es, einen Befund sicherzustellen, dachte
ich:

Und in ein paar Tagen werden sie doch alle unter dem
Lichterbaum im Widerschein der Kerzen nach den Bildern
ihrer eigenen Kindheit suchen! Sie werden auf ein Zeichen
warten! Sie werden wohl das Lied von der »Stillen Nacht«
nicht mehr singen, schon gar nicht die zweite oder dritte
Strophe. Aber sie werden das Lied noch hören wollen, im
Radio oder im Fernsehen. Vielleicht werden sie auch auf die

Botschaft dieser Nacht warten, denn sie sind alle hilflos inmitten einer immer schwierigeren Welt. Sie brauchen den Schutz, den das Ritual bietet, weil nur in ihm noch möglich ist, sich unbelächelt, gleichsam legal, zum Gefühl der Freude, der Liebe, der Dankbarkeit zu bekennen.

Denn um uns herum ist es kühler geworden. Und alles geht so unheimlich schnell. Auch Weihnachten vergeht im jagenden Tempo der Zeit. Eine Kerzenlänge Gefühl – und wir sind durch! Dann können wir das Visier wieder herunterklappen: Bloß nicht zeigen, daß wir in der uns immer mehr bedrängenden Frage nach dem Sinn unserer Existenz um Antworten so verlegen sind.

Dabei ist nicht die Frage, was wir von Weihnachten halten, die entscheidende Frage. Die Sache läuft genau anders herum: Weihnachten kommt hoch von oben zu uns herunter und fragt uns, wie wir es mit der einzigartigen Möglichkeit halten, in diesen festlichen Stunden über unser Verhältnis zum Leben, zu Gott, zu den anderen um uns herum nachzudenken.

Weil wir es, Kinder dieser wirren Zeit, so gern laut haben, wünschen wir uns gegenseitig »Fröhliche Weihnachten«. Aber erfüllen wird Weihnachten sich erst später: wenn die Glocken die Stille der Nacht verkünden. Dann werden wir den Ton hören, und dann werden wir hoffentlich die Melodie verstehen.

KÖNNEN SIE NOCH SCHREIBEN?

O du fröhliche, nun kommen sie wieder ins Haus, die ersten, sicher ein wenig zu frühen Weihnachtsgrüße der Verwandten und Bekannten, der Kollegen, der Firmen und Verbände. Damit kommt Buntgedrucktes, Vorgestanztes. Da heißt es:». . .wünschen ein gesegnetes Fest« – und der Absender ist ein Trikotagengeschäft, in dem man vor langer Zeit eine Partie Unaussprechlicher kaufte. Die Botschaft Gottes, nun ja – aber die Werbebotschaft kommt bestimmt. Und man fragt sich, wieviel Segen auf diesen gesegneten Wünschen liegen mag.

Der Strom des Segens wird noch anschwellen. Denn schon kommen die Aufrufe der Post, in die Karten- und Brief-schlacht ja noch rechtzeitig einzusteigen, ehe wir dann alle am Mittwoch, dem 24. Dezember, völlig ermattet unter dem Christbaum kapitulieren: Dann – spätestens – werden wir in all diese Grüße hineingreifen und inmitten der netten Belang-losigkeiten nach dem Wesentlichen suchen. Denn spätestens am Heiligen Abend ist unser Herz aufnahmebereit für die Botschaften, die nichts mit Geschäft, Rabatt, Diskont, mit Alltag zu tun haben. Da wird nichts Vorgestanztes bestehen können.

Ein Freund, der mir eine Karte mit dem Aufdruck »und ein fröhliches neues Jahr« schickt – ist er ein Freund? Sind nicht viele von uns in diesen Tagen nur eine menschliche Adressier-maschine? Roboter, die ein Pensum Herzlichkeit, genormt, gestückelt, von sich geben?

Nein, Freunde, das ist ein Weg, der nirgendwo anders hinführt als in eine seelische Wüste. Etwas mehr könnte es schon sein! Wie wär's denn mit etwas ganz Altmodischem?

Mit einem Brief, mit einem, hört genau her, handgeschriebenen Brief? Was das ist? Ein kleines Kunststück vielleicht, mit etwas Mühe verbunden, mit Zeitaufwand, mit ein wenig Nachdenken, ich weiß – aber was glaubt ihr, wie eure Verwandten, Freunde, Nachbarn sich wundern werden, wenn sie euren Brief in den Händen halten – und wie sie ins Staunen geraten, wenn sie ihn unter dem Kerzenschein dann lesen, vielleicht sogar vorlesen, weil ihr etwas ganz Seltenes getan habt: Ihr habt euch in die Seele des anderen Menschen hineingedacht und die unverwechselbaren Wünsche auf ihn ganz allein bezogen.

HAT DIE STILLE NACHT NUR EINE STROPHE?

Es wird nie wieder so sein, wie es war. Ist es nicht so, daß die Zeit, die ich zum Schmücken des Weihnachtsbaumes aufwende, von Jahr zu Jahr kürzer wird? Eine knappe Stunde für Kugeln und Lametta, das muß jetzt reichen. Mein Vater hängte die Silberfäden noch einzeln in die Äste, er benötigte einen halben Tag. Von meinen Großeltern in Dessau berichtet die Familienchronik, sie hätten schon am Vortage begonnen, die beiden Bäume – darunter taten sie es nicht! – mit Glanz zu versehen. Und mein Urgroßvater, der in Husum lebte, zauberte in wochenlanger Vorbereitung die Weihnachtsstimmung herbei – »ich muß euch sagen, es weihnachtet sehr«.

Wie arm sind wir dran, Kinder der Ex- und Hopp-Gesellschaft, im Schein der Neonkerzen, umgeben von Plastikbäumen, einer eilfertigen Fröhlichkeit. Wer heute nicht die Begabung hat, gleichsam aus dem Stand heraus sich in eine festliche Stimmung hineinzukatapultieren, der wird's nicht erleben.

Wenn wir nach den Ursachen der weihnachtlichen Ernüchterung suchen – zu ihr gehört auch die Flucht, die Millionen Menschen gen Süden antreten: statt Pelz Bikini, statt Schnee Sand, statt Berge Swimming-pool, statt Kirche Hotelappartement –, dann bleibt der vorherrschende Gedanke: Der rastlose Mensch unserer Zeit kann auch am Heiligen Abend nur er selber sein! Und das bedeutet allemal: Mit kleinstem seelischem Aufwand das Fest, das nun einmal da ist, möglichst gut über die Runden zu bringen, wie es auch sonst unsere Art ist. Schließlich gab es eine Gratifikation ... Schließlich sind da die Kinder ... Und ein bißchen Tradition kann ja nichts schaden ... Aber daß es kaum noch gelingt, anheimelnde Wärme zu erzeugen, die Spannung um die Geschenke, das gemeinsame Singen der »Stillen Nacht« – und nicht nur die erste Strophe, und nicht nur dieses Lied! –, das alles wird uns von Jahr zu Jahr schmerzhaft bewußt.

Denn wir sind – sagen wir es doch einmal ganz deutlich – Kinder einer »seelischen Eiszeit«. Sie ist über unsere Erde gekommen, abgefedert nur durch den Wohlstand. Aber so kühl wie heute ging es doch schon lange nicht mehr zu! Wir haben unser Spielzeug zertrümmert. Uns fehlt die Poesie. Mozart ist lange tot. Wir haben uns dafür heute »neues Bewußtsein« aufschwatzen lassen, um dann den Jahrmarkt der Reformen »aufgeklärt« emanzipiert zu verlassen! Nur: Glücklicher sind wir nicht geworden. Und all diejenigen, die uns so verwirrten, haben inzwischen längst ihr eigenes Gewissen in Sicherheit gebracht: Die Dichter beispielsweise, die noch vor Jahren radikalen Schriften »die Systemüberwindung« predigten, sprechen inzwischen von einer »neuen Subjektivität« und von »neuer Innerlichkeit«. Man hat das leidende Individuum wiederentdeckt, es war ja auch höchste Zeit: Zu lange hatte man »an der Gesellschaft« herumlaboriert, die Wunden konnten nicht vernarben.

Inmitten dieser Wirren und Verwirrungen, inmitten der zunehmenden Verschärfungen, die vor allem die Politik in unseren Alltag trägt – und die Politiker tragen eine Verantwortung, die sie in ihrem Machtrausch manchmal nicht zu spüren scheinen –, inmitten dieser gigantischen Unruhe also nun: Fröhliche Weihnachten. Wird Weihnachten mehr als ein Freizeitobjekt sein? Gibt es noch einen Widerschein der versunkenen Zeit? Wie wird dieser Tag 1980 – oder gar 1985 aussehen? Holen wir dann den »totalen Weihnachtsset« aus dem Supermarkt? Keiner kennt den Weg.

Was ist nun zu tun? Vielleicht fangen wir mit dem Naheliegenden an. Schmücken wir den Baum wieder ganz festlich.

Jetzt dreht sich wieder der Jahrmarkt der Eitelkeiten: Party paradox

Der Januar trat durch die Tür des neuen Jahres, lächelte hier und da noch mit ein paar Sonnenstrahlen, dann setzte er sich nieder – und wurde krank. Einen Januar wie diesen müßte man eigentlich sofort ins Krankenhaus bringen.

Seltsamerweise sagen uns die Meteorologen, dies sei alle Jahre so ähnlich; vermutlich haben wir die herrlichen Rodelwinter unserer Jugend nur geträumt? Es gibt heute sogar einen Fachausdruck: die verlängerte »Weihnachtsdepression«, damit sind die Depressionen am Himmel, nicht in unseren Seelen gemeint, als ob sich das so leicht trennen ließe.

Ausgerechnet diese blasse Zeit nun ist die Zeit der Partys, der Bälle. Wenn der Normalmensch, der nicht mal eben zu den fernen Seychellen jettet, an einem tristen Januar-Morgen vor dem Spiegel seines Badezimmers steht – nackt dasteht! – ist auch nicht die Spur von Sonnenbräune mehr zu entdecken.

Das traurigste Weiß unseres Lebens. Gleichwohl: Ausgerechnet in dieser miserablen Ausstattung unserer Verfassung stürzen wir uns ins Gedränge. Es muß sich um einen Urtrieb handeln: In den Gesichtern längst vergessener Menschen, die plötzlich irgendwo bei Paloma Blanca wieder vor uns auftauchen, suchen wir ein Stück unserer eigenen Vergangenheit.

Und schon beginnt die große Party-Mogelei: »Wir müssen uns unbedingt mal wieder treffen« – »Ich rufe morgen mal an« – »Blendend schauen Sie aus« – »Wenn Sie wüßten, wie oft wir von Ihnen gesprochen haben« – »Sie werden überhaupt nicht älter« – und die scheinheilige Frage: »Wie machen Sie das eigentlich?«

Die Wahrheit ist eine andere. Wir schauen in die Gesichter, versuchen herauszufinden, wie schnell die Lebensuhr des anderen läuft, entdecken seine Falten, beugen uns im Gespräch vor, angeblich, weil wir genauer zuhören wollen – aber unser Blick schweift schon über die Schulter weiter: Gibt es irgendwo noch einen Menschen, der unsere Beute werden könnte? Genauer: einen Menschen, der noch sehen müßte, daß auch wir hier sind. Denn immerhin: Wer die hundert Mark Eintritt zahlen kann, will doch wenigstens eine kleine Rendite an Eitelkeit kassieren.

Wie sagte ein Weiser?: »Die Welt ist eine Bühne, du kommst, siehst und gehst.« Und innerhalb dieser großen Bühne des Lebens ist die Festivität jener Punkt, an dem der köstliche Stoff Eitelkeit sozusagen pur ausgeschenkt wird. Und seltsam: Auch all die Prominenten, die in klugen Interviews ein Jahr lang erklären, sie würden Partys, Bälle meiden, sind, wie aus dem Hut gezaubert, plötzlich alle wieder da. Theorie und Praxis. Wir schimpfen aufs Gedränge schon an der Garderobe und drängeln freiwillig (!) mit (und haben vielleicht auch unseren Spaß). Der Party-Januar offenbart des Lebens ganzen Widerspruch.

PLÖTZLICH BRENNT KEIN LICHT IN SEINEM FENSTER

Nun also brennt kein Licht mehr in der Wohnung, vierter
Stock, oben links. Nun ist dort alles dunkel, die Fenster sehen
aus wie Wunden in dem Haus, das so hell erleuchtet im Park
auf Besucher wartet – doch nur wenige Menschen kommen.
Der Abend geht schon über in die Nacht, keine Zeit für
flüchtige Gäste.

Ich bin in den letzten Tagen immer wieder an dem Haus
vorbeigegangen, ich habe die Fenster beobachtet, die im
vierten Stock oben links liegen – es war dort immer Dunkelheit: Er ist also noch im Krankenhaus! In den Monaten zuvor
war dort allabendlich Licht, ich sah es, wenn ich noch einmal
meine Runden drehte, um frische Luft zu suchen, die mir
tagsüber so fehlte. Nun war es dort dunkel, und ich wußte:
die Krankheit hatte ihn noch nicht verlassen.

Der Mann, von dem ich hier berichte, ist nicht mein
Freund, ist nicht mit mir verwandt und nicht verschwägert,
ist nur mein Nachbar, aber mit ein paar Gesprächen, einigen
Gedanken, die ich nun nicht mehr genau beschreiben kann,
hatte er mich an sich gezogen, bin ich auf ihn zugegangen –,
wer weiß das schon so genau? Kein Wunder also, daß ich nun
in Sorge war.

Denn nun ist es schon der zehnte Tag, daß in seinem
Zimmer kein Licht erschien. Ich weiß nicht, ob irgend jemand
seine Blumen, die stets so verschwenderisch in seinem
Zimmer standen, mit Wasser versorgt; aber ich denke, er wird
jemanden gefunden haben. Was ist da noch zu betreuen in der
Wohnung eines Mannes, der plötzlich ins Krankenhaus
eingewiesen wird? Denn sicher ist er nicht von der Natur, die
sich selber in die Klinik begibt, da muß schon jemand

kommen und ihm befehlen: Nun ist genug herumlaboriert, nun hilft kein Selbstbetrug mehr, nun müssen die Ärzte ran.

Seltsames Gefühl, diese dunklen Fenster! Diese Scheiben, hinter denen sonst das Licht immer bis weit nach Mitternacht brannte, weil er unermüdlich lesen konnte, manchmal sogar ein Buch pro Nacht – er hatte ein eigenes Schnellverfahren. Ein Mann rund um die Fünfzig, der längst die Weisheit des Lebens erkannt hat, die darin besteht: zu geben, nicht zu nehmen. Ich habe es erlebt: Immer, wenn er mich auf der Straße zufällig traf, mich manchmal sogar in seine Wohnung bat, hörte ich ihm zu; und was viel erstaunlicher war: Er vermochte mir zuzuhören.

Soeben denke ich, daß es ja nur wenige Gespräche gewesen sind, die mich mit diesem Mann in eine Beziehung gebracht hätten: etwas Politik, ein bißchen Alltägliches, ein paar Tips für Reiseziele: »Sie waren noch nicht in Jerusalem, mein Freund, dann können Sie alle anderen Reisen vergessen.« Empfehlungen, Ratschläge, Unverbindliches, das bindet.

Und ich fühlte, nun selbst zu Hause angekommen, wie zerbrechlich doch alle Beziehungen sind. Wie viele Worte so oft ungesagt bleiben, weil man sich nicht traut, weil man keine Zeit hat, weil man doch immer glaubt, auch morgen noch hingehen zu können.

Es ist schon ein Kreuz mit so einem dunklen Fenster, das vor ein paar Tagen noch allabendlich erleuchtet war.

PETER BACHÉR

Eine Woche Sonnenschein

WAS IMMER WIEDER FREUDE MACHT

Ullstein Taschenbuch